团队管理经典系列

团队协作的五大障碍

THE FIVE DYSFUNCTIONS *of a* TEAM

Patrick Lencioni

20周年纪念版

[美] 帕特里克·兰西奥尼 —— 著

刘向东 栾羽琳 —— 译

中信出版集团 | 北京

图书在版编目（CIP）数据

团队协作的五大障碍/（美）帕特里克·兰西奥尼著；刘向东，栾羽琳译. -- 4 版. -- 北京：中信出版社，2022.5（2024.11 重印）
书名原文：The Five Dysfunctions of a Team
ISBN 978-7-5217-4219-0

Ⅰ.①团… Ⅱ.①帕… ②刘… ③栾… Ⅲ.①团队管理 Ⅳ.① C936

中国版本图书馆 CIP 数据核字（2022）第 070576 号

The Five Dysfunctions of a Team by Patrick Lencioni
Copyright © 2002 by Patrick Lencioni
Published by arrangement with Patrick Lencioni C/O Levine Greenberg Literary Agency, Inc.
Simplified Chinese translation copyright © 2022 by China CITIC Press Corporation.
ALL RIGHTS RESERVED
本书仅限中国大陆地区发行销售

团队协作的五大障碍
著者：　　［美］帕特里克·兰西奥尼
译者：　　刘向东　栾羽琳
出版发行：中信出版集团股份有限公司
　　　　　（北京市朝阳区东三环北路 27 号嘉铭中心　邮编 100020）
承印者：　嘉业印刷（天津）有限公司

开本：880mm×1230mm 1/32　印张：7　　　字数：140 千字
版次：2022 年 5 月第 4 版　　　印次：2024 年 11 月第 17 次印刷
京权图字：01-2013-7727　　　　书号：ISBN 978-7-5217-4219-0
定价：48.00 元

版权所有·侵权必究
如有印刷、装订问题，本公司负责调换。
服务热线：400-600-8099
投稿邮箱：author@citicpub.com

谨以此书

献给我的父亲，是他让我懂得工作的意义；

献给我的母亲，是她鼓励我开始了写作。

目 录

推荐序一 别让团队"坏"了 III
推荐序二 企业家的第一要务——打造齐心、高效的 TMT XI
译者序 XVII
引 言 XXV

第一部分
决策公司管理层变革

第 1 章 一个运转失灵的团队 003

> 这支团队是如此涣散,大家几乎从来没有达成过一致意见,会议上的讨论既缓慢又缺乏生气,成员之间几乎没有真正的交流。

决策科技公司 / CEO 人选被质疑 / 凯瑟琳受聘 / 新领导令人担忧 / 决心摆脱困境 / 管理团队成员

第 2 章 点燃团队希望之火 019

> 一支四分五裂的团队就像手术时接错了的胳膊或腿,要修复它总是要经历痛苦的。有时你需要重新打断它才可以更好地愈合。

第一项考验 / 与杰夫谈话 / 获得董事长授权 / 纳帕谷会议按计划召开 / 第一个议题:信任 / 开始讨论 / 紧张局势:强调开会纪律 / 袒露儿时经历 / 米琪的表现暴露问题 / 泳池边的谈话 / 人际关系和团队行为 / 自我揭短 / 自我与集体 / 工作目标 / 办公室政治 / 反击 / 五大障碍 / 讨论冲突 / 制定工作目标

第 3 章　重磅出击 089

> 我不想失去你们中的任何一个人，所以我让米琪离开。

收购引发的争论 / 希望之火 / 泄密 / 第二次纳帕谷会议 / 艰难前进 / 回顾新客户进展 / 个人成绩 / 辞退米琪 / 离开或改变 / 气氛沉闷 / 一个不太光彩的故事 / 重整旗鼓

第 4 章　收获 135

> 在接下来的一年，公司的销售额一路攀升。

第三次纳帕谷会议 / 士气高昂 / 组织变革

第二部分
团队协作模型总结

五大障碍模型图 149

团队评估诊断表 155

了解并克服五大障碍 161

第一大障碍：缺乏信任 / 第二大障碍：惧怕冲突 / 第三大障碍：缺乏承诺 / 第四大障碍：逃避问责 / 第五大障碍：忽视成果 / 总结

附　录 185
致　谢 189

推荐序一 别让团队"坏"了

刘润（润米咨询创始人）

很多创业者、管理者都告诉我：我不喜欢开会。为什么？因为会开不好，没有结果。

早上9点，大家端着水杯，走进会议室，坐下后，摊开本子，开始"汇报"工作——其实就是把邮件上的内容原封不动地念了一遍，说的都是大家已知的东西。每到这个时候，大家就会想：既然如此，我们每周开会的意义是什么呢？

等到冗长的"汇报"结束，开始要讨论真正的问题时，所有人就都不说话了。会议室里只有沉默。不知道过了多久，领导把目光移向一侧，开口问：小王，你有什么想法？小王说：我还没有什么想法，请其他同事先说吧。然后，又是一阵沉默。不知道又过了多久，终于有一个人鼓起勇气，勇敢地说了点儿什么：这件事情，我是这样看的。领导把目光又移向了另外一侧，开口问：小李，你觉得刚刚这个想法怎么样？小李微笑着，只说了三个字：挺好的。然后，大家都默默点头。于是，刚刚那个没有被讨论过的想法似乎就这样通过了。一团和气。

这时，如果你仔细观察，就会发现还有那么一个人总是抱着手臂坐在那里，冷冷地看着所有人。他的眼神明显出卖了他的想法：他们都在说什么，这帮傻子。但是如果你问他：小张，你好像有不同的观点，说说看？小张就会说：没有啊，我什么都没说。

整个会议尽管没有明显的对立和争吵，但尴尬和紧张的气氛却是显而易见的。在会议上，似乎从来就没有什么有效的讨论，大家也没有什么真正的交流。

到了11点，所有人都松了一口气，一副如释重负的样子，因为2个小时的例会终于结束了。大家走出会议室，但是心里都明白：又是一个被浪费的上午。

开会最能看出一个组织的状态。尽管大家坐在同一间屋子里，但想的却不是同一件事情。你的公司也许就是这样的。

为什么？因为团队的协作产生了巨大的障碍。团队"坏"了。

我第一次知道《团队协作的五大障碍》，是在领教商学堂的私人董事会上，听到刘向东老师给学员们做分享。团队协作的第一大障碍，就是成员间缺乏信任。无法建立信任的危害极大，会造成第二大障碍，即惧怕冲突。因为惧怕冲突，所以没有有效争论，就会产生第三大障碍，即缺乏承诺。承诺不够，成员间没有共识，就会有第四大障碍，即逃避问责。如果大家都逃避问责，那么这就不是一个好的团队，也就会有第五大障碍，即忽视成果。

我对此非常认可，也特别有感触。也许与对手相比，你有更多的用户、更好的技术、更多的资本,但是,如果你没有一支有效协作的团队,刚刚提到的优势就都无法发挥作用,一切就都无从谈起。

那怎么办?如何扫清团队协作的五大障碍?有一些很好的练习和改进方法,分享给你。

如何建立信任?

团队第一大障碍,是缺乏信任。信任是真正意义上团队协作的基础。如果大家不能相互理解,坦诚相待,那么谈什么协作都是假的。为什么会缺乏信任?本质原因是大家都害怕成为被攻击的对象,不愿意暴露自己的弱点。

我们总说一句话:背靠背。什么意思?就是我后面没有长眼睛,所以我把自己的后背交给你。如果有人想从正面捅我一刀,我能看见,就躲过去了,但是我看不到后面捅来的刀子。我相信你,把后背交给你,靠你了。这就是背靠背。

优秀团队的成员不会相互防备,不会掩饰自己的缺点。他们能承认自己的错误和不足,敢于发表意见,而且不用担心遭到别人的打击报复。如果团队做不到信任,代价就是巨大的:成员害怕开会,不愿意交流,沟通的效率无比低下,士气也很低迷。那怎么办?兰西奥尼提供了一些很有效的方法,你可以马上照做。

1. 个人经历练习。大概半小时,团队就能完成建立信任的第一步。开会的时候围坐在一起，回答几个关于个人背景的问题，比如：家乡在哪里？家里有几个孩子？童年经历过什么挑战？个人爱好？第一份工作是什么？……通过这些简单的问题，适当暴露自己，拉近彼此的关系。也许你会惊讶地发现，尽管大家每天都见面，但是对彼此知之甚少。（不信，你现在问问自己，知道团队其他成员的这些背景吗？）这些信息可以增加成员之间的了解和信任。

2. 团队有效性练习。这是往更深的信任迈出的一步。团队成员要指出同事为团队做出的最大贡献，以及最需要改进的地方，然后大家对每个人所说的进行讨论。也许你会觉得这样做太冒险，但你要相信，这是值得的。在 1 个小时里，大家就能获得真实的信息和真实的建议。如果不能说真话，团队就不能被称为团队了。

3. 领导要第一个参与。不管是个人经历练习还是团队有效性练习，领导都应该是第一个参与、第一个发言、第一个被评论的人。抛开所谓的面子，下属们才更愿意像你一样真实地展现自己。另外，领导的参与能保证大家在承认弱点后，不会因此受到不利影响。

如何有效冲突？

团队第二大障碍，是惧怕冲突。一团和气不是一件好事，产生这个结果只有两种可能性：第一，这是一支真正无懈可击的团队，在任何时候的任何事情上，都能意见一致。当然，这几乎是不可能的。第二，这是一支假装无懈可击的团队。成员惧怕冲突，所以隐瞒了自己的想法，造成了虚假的融洽。当然，第二种才是更普遍的情况。

惧怕冲突，所以"一团和气"，会有多么大的危害？会议室里没有直接而激烈的思想交锋，取而代之的是无关痛痒的意见和结论。但是，在公开场合没有有效的冲突，最后往往就是问题悬而未决，更可怕的是私下的背后议论和人身攻击。

所以，在建立信任的前提下，要鼓励冲突，鼓励辩论。怎么做？也有一些有效的方法。

1. 挖掘冲突。团队要经常有意地讨论真问题，即有争论的话题。把话放在桌面上公开讨论，并迫使大家一起面对和着手解决这些问题。当大家都决心投入争论时，有意义的想法就会显现。必要的失控，甚至偶尔的混乱，都是有益的。

2. 即时允许。团队成员要互相监督。当争论者感到烦躁或者害怕冲突时，其他成员要鼓励他们继续，并强调这种争论很重要，是为了团队的利益，这会给争论方带去信心。这种争论未来也将一直持续下去。

真正的团队应该有效地对事情进行争论，然后毫发无损地结束。

如何确保承诺？

团队第三大障碍，是缺乏承诺。团队成员如果不能确保承诺，在辩论中真实公开自己的意见，那么即使在会议中达成一致，也仅仅是表面的一致。为什么团队成员会缺乏承诺？主要有两个原因。

第一，追求绝对一致。其实，真正优秀的团队的成员都是开放且互相尊重的。成员在讨论时会绝对公开，当讨论结束并形成决策时，如果结论与自己的意见不一样，成员也能绝对尊重。理性的人并不一定要大家都接受自己的意见，而是要求别人听到自己的意见，并加以考虑。所以，不用追求绝对一致。要信任成员能够遵守共识和结果。

第二，追求绝对把握。当决策没有100%的胜算时，很多人就会担心。但是，能够做出决定胜过没有决定。行动，然后调整方向，比一屋子的人讨论半天没有结果，更加重要。因此，不用追求绝对把握，而是在行动中磨合。如何确保承诺？有一些方法。

1. 低风险激进法。从一些风险较小的决策开始，训练团队发生有效冲突，达成共识，快速行动。若团队经常以信息不够、研究不足为借口拖延行动，这种练习就可以助其提高做决策的速度，使其迅速进入战斗状态。这种看似激进的方式其实非常有效。

2. 确定截止日期。确保承诺的好方法就是设定最终期限。在期限之前，大家必须做出决定，避免模棱两可。记住刚刚说的，做出决定胜过没有决定。同时，也要针对解决问题的进展设定阶段性期限，这可以保证团队心中时刻装着目标。

3. 逐层逐级瀑布式沟通。会议结束时，大家要清晰回顾会议上的决定，并就这一议题统一口径：如何向员工和客户表达这些信息。这个做法的目的是明确哪些信息属于机密，哪些应该明确告诉员工，以防止员工们从参会经理处听到前后不一致，甚至前后矛盾的信息。矛盾的信息会让人疑惑，影响承诺。统一口径也是增加信任的方式。

如何真正承担责任？

团队第四大障碍，是逃避问责。这里指的不仅仅是个人的责任，更是团队的责任。如果没有在计划或行动上达成一致，那么就不会有团队的责任。当发现同事行为有损集体利益时，其他成员就会犹豫不决，而不是直接指出。大家会担心，指出别人的不妥是否会造成人际关系上的紧张。但是，当团队成员因为逃避问责而造成整体利益损失时，大家就会真的互相指责和怪罪了："你当时为什么不这么做？"

优秀团队的成员会彼此负责，并对别人的表现有更高的期待。那么，怎么训练才能达到这个目标呢？

1. 公示目标和标准。让团队成员彼此负责的好办法，就是明确公布团队的目标和标准。明确公布而不是模糊不清和遮遮掩掩，这样会让团队处于压力和期待中。

2. 定期对成果进行回顾。回顾，就需要对自己和别人的表现做出反馈。这会让大家彼此监督，并且在有人进度落后时，给予帮助。

如何真正共享成果？

团队的第五大障碍，是忽视成果。忽视成果，就是成员过分追求对个人的认同和注意，而忽视团队的集体利益。如果团队不是真正的团队，最后就是泛滥的个人主义和山头主义。团队的成果应该是共享的，团队的胜负应该是共担的。

什么意思？就是团队的胜利是唯一的目标。如果团队没有成功，那么个人的成功就没有任何意义。

团队就像一支球队。运动员都有个人主义，都希望自己表现得更好。但是，真正优秀的运动员会把个人主义和团队目标放在一起，那就是赢得比赛。

那么，怎么训练呢？

强调大家是一支团队，奖励团队的胜利。记住，只有团队胜利才是真正的胜利。一场比赛得了40分，但是输了球，结果就没有任何意义。

最后，我用这本书中的一段话作为结束，分享给你：一支四分五裂的团队就像手术时接错了的胳膊或腿，要修复它总是要经历痛苦的。有时你需要重新打断它才可以更好地愈合。这个过程会很辛苦。但是，如果没有一支有效协作的团队，你就会很痛苦。必须解决这些障碍。

别让团队"坏"了。

推荐序二 企业家的第一要务——打造齐心、高效的 TMT

孙振耀（领教商学堂联合创始人、董事长，
曾任惠普全球副总裁、中国区总裁）

从担任惠普中国区总裁、全球副总裁，到带领海辉软件（国际）集团公司在美国纳斯达克上市，如今投身创业，我一路从职业经理人、企业经营者，做到一名创业者。多年来，管理工作始终如影随形。我深知身为一把手的孤独感，也明白拥有一支强大核心团队的幸福感。

因为这样的职业经历，我常比喻自己是从山上往下走的人，相对地，不少民营企业家则正从山下往上爬。我们可能在半山腰碰面，他们可以告诉我如何从山下爬上来，我也可以告诉他们，如何从半山腰爬到山顶，也就是他们将来要走的路。

通过十年来陪伴中国民营企业家的实践洞察，我发现，对于中等规模的民营企业而言，从一把手的个人领导力进阶到企业的组织能力，最关键的抓手就是 TMT（Top Management Team，高层管理团队）的打造。

这也是我 2012 年创业以来坚持的初衷：协助企业构建优秀的

高管团队。

《团队协作的五大障碍》一书谈的恰恰是一个空降首席执行官如何在硅谷最会搞办公室政治的公司开展组织变革的故事,她如何将一支原本分崩离析、各自为政的高管团队,变成一支互相信赖、承担责任、重视集体成果的经营团队,值得企业家借鉴。

企业的发动机:齐心、高效、职业化的 TMT

企业对增长的追求是根植于基因的,这不仅源于内部成员发展所需,也源于外部竞争"不胜出即出局"的生存法则。要想持续拉动企业增长,一般有三驾马车可供驾驭——商业模式、竞争战略、组织能力。

对中型企业而言,商业模式已经形成;竞争战略有诸多方法可依循;唯有组织能力只能靠自己,且它是前两者得以充分落地的首要条件。所谓"组织能力",通俗地讲,就是力出一孔的"集体执行力",它是企业作为一个集合体所能迸发的力量,也是追求任何远大目标的能力保障。

那么,中型民营企业打造组织能力的"命门"在哪里?

美国《商业周刊》专栏作家基思·麦克法兰在彼得·德鲁克与吉姆·柯林斯两位管理大师的鼓励下,研究了美国 7 000 多家成长最快的企业,并从中挑选 9 家中等规模的企业进行研究追踪,试图总结它们的突破之道。

结果发现，那些成功从平庸走向卓越的企业，首先做对的一件事，就是创始人都心甘情愿地"为公司加冕"。这些企业家都清醒地认识到，个人的控制范围极为有限，一家规模性组织的成功终究是众人共同努力的结果。

然而，从一把手的个人意愿到组织的整体贯彻，横亘着一条看不见的鸿沟。想跨越这道鸿沟，抓手就是 TMT。

所以我总说，身为一把手最关键的工作，就是打造一支齐心、高效、职业化的 TMT。我经常提到这个比喻：企业家与核心高管们在一起，就像一支篮球队一样，彼此依赖、互相协同。如果彼此间做不到互相信赖、协同，不愿担责，不能为公司的最终结果负责，那企业离分崩离析就不远了。

一把手状态不好，问题往往出在 TMT

如何判断自己有没有一支真正的 TMT？

第一，身为老板，你每天上班是否舒服，关键就是 TMT。这个团队要是有矛盾、不信任、不担责，老板一定会干得很累，而且感到特别孤独。

我自己带团队的时候，特别关注团建，每个月一定尽可能地和 TMT 聚一次餐，有意营造一种轻松的氛围。在这种氛围的渲染下，高管们可以分享他们的人生感悟，也可以吐槽内心的苦闷，甚至有些协作中产生的沟通障碍也能在团建中得到解决。对团建的长期坚持，可以不断强化 TMT 的凝聚力。

第二，从公司长远的发展来讲，老板不可能一个人解决所有问题，所以企业发展到一定规模后，一定要分工、分层，发展不同的专业。但是，如果这些专业不能形成合力，公司便无法继续发展，这也是为什么说 TMT 是公司最重要的核心。

第三，请自问，公司能不能没有你？一旦你没有一支高管团队，那你就不是一家公司的老板，因为你消失了，公司就跟着消失了。如果老板认真对待打造 TMT 这项工程，那优秀的 TMT 将在某方面成为你的助力，同时也会成为你恣意任性的约束力，从而帮助你带领企业走得更长远。

《团队协作的五大障碍》一书，就是打造一支齐心、高效的 TMT 的指南。

最底层是建立信任，第二层是创造有建设性的冲突，第三层是敢于承诺，第四层是共担责任，最顶层则是聚焦成果。其中每一层都有相应的工具方法，通过层层的练习与突破，你就有可能引导团队以大局为重，以公司最终成果为追求目标。

克服团队协作五大障碍，系统性解决团队问题

市面上有非常多谈团队的书，而《团队协作的五大障碍》一书发行二十年仍历久弥新，关键就在于它是一套系统性的方法论。不仅如此，它还非常实用，通过工作坊，它能培训团队领导者将这套方法落实在企业之中，创造真正的改变。

从团队协作的角度来看，这是一本非常实用的书，但它不是一次性的，不可能马上帮你解决所有问题。想看到成效，就需要时间和毅力，通过不断重复来养成习惯，最终，你就有可能收获书中那般理想的团队。

人是组织中最难搞的因素，但也正因为它难，才凸显了管理的伟大和价值。

译者序

我还记得第一次读《团队协作的五大障碍》时的触动。2013年，我特别敬重的一个客户的CEO向我推荐了这本书，并且告诉我：这才是你真正能帮到我们的地方，也是你的价值所在。

身为一名高管教练、企业顾问，我经常有机会参与企业内部的高管会议，所以第一次读到这本书时特别有感触，因为书中描绘的那些鲜活的场景、形色各异的人物形象，仿佛就发生在身边，每个画面都历历在目。

我忍不住怀疑，作者该不会是中国人吧？书中所述怎么与我所知的企业高管团队的现状如此相似？

但我同时也充满疑惑，书中描绘的变化真的能实现吗？书中提供的工具与方法如此"小儿科"，真的能奏效吗？这么三言两语，就能创造出如此伟大的成果吗？

怀疑之余，我想起当时客户CEO的那句忠告，这让我开始重新审视自己和做过的项目。我越来越发现，对企业战略、商业模式、组织变革，乃至企业文化的辅导来说，成功的关键都在于高管团队的打造和组织中健康氛围的营造。

转眼间，我从事领导团队打造和组织健康服务近九年，辅导了近百家不同行业的团队。我很感恩在自己的认知还不够成熟时就愿意和我一同探索的团队领导者，是你们的勇气和坚持让我对所做之事充满"绝望中的希望"。

因此，我也愿意分享在此过程中的经验和教训，并以为序。

时代在变，但人性永不过时

《团队协作的五大障碍》出版距今已经二十年，这二十年，整个社会和商业环境发生了翻天覆地的变化，新的商业模式和新的管理理念层出不穷，那么，书中的理念、模型、工具、方法还适用于当代的组织吗？事实是，它们不仅完全没有过时，而且时间恰恰成了最好的验证过程。

时代在变，但人性永不过时。

每个人一定会在书中找到熟悉的身影：临危受命，想要力挽狂澜的 57 岁女性首席执行官凯瑟琳；为人正派，兢兢业业却被下课的前首席执行官杰夫；能力超强，但过于自我的"个人贡献者"米琪；智商超群，但沟通能力堪忧的"理工男"马丁；浑水摸鱼，不愿面对挑战，最终"逃跑"的 JR；任劳任怨，但找不到努力方向的卡洛斯；专业严谨，认真负责，但过于严苛的首席财务官简；

经验丰富，渴望获得成就却力所不及的尼克。

他们可能是我们曾经的同事，也可能是现在身边的团队成员，甚至就是我们自己——我们在不同阶段或场景里的自己。

团队中的每个人都有自己的性格倾向性，正是这些倾向性构成了"这个人"。书中的人物让我们看到，面对永远都不可能完美的个人，我们到底该如何打造一个完美的团队。或者更准确地说，正是因为我们都不是完美的个人，所以我们才要组成一个团队，克服每个人本能的行为倾向，组成相对完美的团队，取得单靠个人能力无法企及的成就。

无论每个人多么不同，我们还是能看到那些共同的"人性"。我们都有自我保护的行为倾向，惧怕与他人发生冲突，不轻易做出承诺，不愿意问责平级同事，对自己的关注远超对他人的关注，等等。是的，这些都是人之常情，那问题出在哪儿呢？

如果不加入一个团队，就不需要与他人那么紧密地协作，这些行为倾向就都没有问题。甚至大多数情况下，这些行为倾向不仅保护了我们，而且塑造了我们的形象。然而，恰恰是我们出于本能的倾向性，使得协作出现了"障碍"。

因为想要自我保护，所以我们要让自己看起来无懈可击；因为不想和他人发生冲突，所以我们要维持表面上的和气；因为不想轻易做出承诺，所以团队的决策通常会变得模棱两可；因为不想面对人际关系的尴尬，所以干脆各自为政；因为不想对力所不及的团队最终成果负责，所以只关注自我发展和小部门利益。

既然人性这么难改变，是不是就没有办法协作了？

对于独立的个体来说，这种改变的确很难。但在一个团队中，这种改变不仅是可能的，而且更快、更高效，因为当面对重要且持久的伙伴关系时，不仅是你，其他团队成员也在做着同样的努力。兰西奥尼在书中为我们提供了经过无数团队验证的有效的工具与方法，让我们少走了很多弯路，也为成功设定了原则和路线图。

当然，一开始是最不容易的，需要极大的勇气，克服各种"恐惧"。过程也不容易，需要在感觉坚持不下去时再坚持一下。我们总是在不断战胜自我中成长，也有不断被自己的倾向性打败的可能。然而无论怎样，我们都是成年人，知道那些持久的人际关系对我们有多重要，也知道为此努力坚持多么有价值。

这正是我们组成团队真正的意义和价值！

团队才是变动时代下的关键竞争力

团队协作的力量在 VUCA[①] 时代将是一个组织最关键的竞争力。

二十年前，主流的管理思想更多地聚焦于组织，团队的概念只是助力或补充。然而，随着企业逐渐发展壮大，原本金字塔式、科层式的管理开始走不通，于是出现矩阵式管理，横的职能部门

---

① VUCA 是 volatility（易变性）、uncertainty（不确定性）、complexity（复杂性）、ambiguity（模糊性）的首字母缩写。——编者注

与竖的业务部门交叉并进，结果大家反而各自为战，彼此间的内耗更多了，协作也更差了。

一家企业存在的理由，就是通过一群人的协作产生剩余价值。但二十年来，团队协作都被视为"配菜"。大部分的公司都可以意识到打造团队很"好"，但是总有更重要的事情，例如战略、营销、财务、技术，不断地出现在团队打造之前，或者公司以为每年组织一两次团建活动，团队成员间就可以很好地协作了。

事实上，团队协作是"盛放菜品的容器"。领导者必须营造协作的氛围，通过约定与规则创造出协作的环境，如此一来，团队才能形成协作的状态，进而在变动的环境中快速做出反应，否则往往到了关键时刻才发现，大家只是一盘散沙。

每个组织都有打造健康团队的基因，只是一些不好的做法和习惯导致它无法呈现该有的面貌，无法发挥真正的潜力。

就像每个人都渴望身体健康，也能意识到健康带来的好处，不过一旦涉及具体怎么变得健康时，大家的动力就没那么足了，很多理由都能成为健康路上的绊脚石：工作忙、没有健身房、没有好的教练、睡眠不足、心情不好……但健康不是一蹴而就的，缺乏决心，或者没有正确的锻炼方法和好的习惯，就会长期处于亚健康甚至不健康的状态。

公司也是如此。在高速发展时期，成员不协作都能把事干好，那自然而然就不去协作，然而当真正的挑战出现，或公司试图实现更大的目标时，没有团队协作的组织便无法应对更高难度的挑战。

就像我们在篮球场上看到球员会做出令人意想不到的精妙助攻配合，这绝对不是单纯的日常训练能造就的，而是私下形成的默契与彼此间强烈的信任，否则你怎么知道他的跑位会到达连竞争对手都想不到的地方？你怎么确定他能接到传球？如果你的团队成员也有这样的默契，那团队就能发挥巨大的动能。

有人问，团队协作能产生什么实际的价值？这背后能省下的成本才是最宝贵的。首先是沟通成本，很多时候，为了推动横向团队工作，就得花上不知道多少时间和心血；其次是决策成本，一旦一个好的决策机制成立，成本就会立刻下降；最后是运营成本，当你减少组织间协作的成本时，管理者将决策带回团队后就能重新分配资源并执行，由此会减少大量的内耗。

大家都说要从管理上体现效率，效率从何而来？就在于这些维度。

换句话说，组织还有一个巨大的能量没被挖掘出来，那就是"团队"。事实上，每个组织的潜力都远远超过自己所认为的，而在变动时代，这将是一个组织最关键的竞争力。

引发行动，带来真实的改变

在《团队协作的五大障碍》出版二十周年之际，我特别感谢能有机会重译这本经典著作。

译者序

兰西奥尼到目前为止有 12 本著作，身为他忠实的读者和译者（我译有兰西奥尼另一著作《示人以真》），近年来我们举办了几百场读书会。然而这次重新翻译时，我的切身感觉是自己读的次数还是"不够"。

兰西奥尼的书没有废话，每个句子都有意图，所以必须深刻体会他每场对话和每个场景描写的用意。他每一处遣词造句都在力求还原打造团队的过程中所发生的真实情况，无论是团队成员的疑虑、挑战，还是讨论练习中的反应，每一幕都与我在企业辅导中实际发生的场景惊人地相似。因此，兰西奥尼这些文字背后的毫无保留和用心良苦也是在翻译过程中最打动我的一点——他的意图是希望每个人"通过看书就能采取行动"。

作为美国顶尖咨询公司的创始人，兰西奥尼将自己在实践中的成功经验毫无保留地展现给读者，并以寓言故事、场景式的对话和行为等方式真真切切地展示出来。这不仅能引发读者共鸣，而且能激发人们马上采取行动的冲动，还为读者提供了行动指南和路线图，便于读者一边阅读一边行动，真正实现学以致用、知行合一。

假如你有决心打造自己所在的团队，那可以从和团队伙伴们"共读"这本书开始。它山之石，可以攻玉。通过这本书，看着别人的故事，审视我们自己，探寻团队的改变之路。

你可以试着去做书中有关信任的练习，由浅入深，循序渐进地开启打造团队的征途；制定冲突规则、会议规则，规范团队行为；约定行为准则，制定决策方式和对决议的承诺方式，进而改善会议质量；有意识地在日常工作中植入相关的练习……这是团队领导者的责任，也是领导者最大化发挥领导团队作用的根本力量所在。

当一支领导者团队率先垂范开展这些练习时，它就会带动所属成员应用相同的工具和方法去打造他们自己的团队，逐步形成整个组织的系统联动——打破部门墙，形成跨部门团队间的有效协同，释放企业原本就有的巨大能量！

这也是为什么这么多年来我一直希望推动该书再版，我诚挚地希望能传递兰西奥尼这份珍贵的心意，所以本次重新翻译，我对于每一句话都字斟句酌——不能和原译文"差不多"，而是结合我9年来在中国企业一线的实践经验，力求译出兰西奥尼那准确的味道。我希望能为每一位读书的人带来真正的改变，让中国的读者看完书就知道该怎么做。如果你在读完书后能有所触动，进而采取行动，那便是我最大的心愿与初衷。

引　言

企业竞争优势靠的不是财力，不是战略，也不是技术，团队协作才是根本。它是如此强大，又是如此难以实现。

我的一位朋友是一家公司的创始人，该公司年收入为10亿美元。对于团队协作的力量，他给过我一个最为贴切的表述："如果你能使一个组织中所有的人同舟共济，你就可以在任何时候、任何行业、任何市场、任何竞争中占据绝对优势。"

每当我向一些领导者复述这句格言时，他们会马上点头称是，但也流露出几分对此可望而不可即的神情。他们似乎领会了这句话的真谛，却又不得不屈从于现实，因为这根本无法实现。

而这正是团队协作难能可贵之处。多年来，尽管团队协作受到不少学者、教练、导师、媒体的广泛关注，但能真正实现团队协作的组织依然屈指可数。现实问题是，组成团队的人员都是不完美的人，因此，团队也不会天生就是完美的，其机能障碍是先天的。

但这并不是说团队协作注定会失败。绝非如此。其实，打造一支强大的团队既可以实现，又非常简单。促成团队协作才是极度困难的。

没错，就像生活中的其他许多事情一样，团队协作归根结底就是掌握一套行为方式。这些行为在理论上来说非常简单，极度困难的是日复一日地践行。成功只会眷顾那些战胜了过于本能化的行为倾向的团队，因为这些行为倾向会破坏团队，并滋生令团队机能失调的办公室政治。

事实证明，这套行为准则不仅适用于团队协作。我其实是在建构领导力理论的过程中偶然发现的它。

几年前，我写了我的第一本书《CEO的五大诱惑》[①]，是关于困扰领导者的五个行为陷阱。在与客户合作的过程中，我注意到，一些人"误用"了我的理论，企图以此评价和改善他们的领导团队——结果竟然取得了成功！

我由此得到启发：书中提出的"五大诱惑"不仅适用于领导者个人，只需稍做修改，它们对团队也大有裨益。它们不只适用于企业人，而且适用于牧师、教练、教师和从事其他工作的人。他们发觉这套行为准则在他们所在领域的适用程度，并不亚于跨国公司决策层。这就是本书的由来。

本书和我写的其他书一样，也是以故事开头，背景是一个虚

---

① 书名中的CEO是首席执行官的英文缩写。——编者注

构但有现实意义的组织。我发现，当读者沉浸在故事中，与其中的人物产生共鸣时，可以更有效地学习。这也有助于读者了解如何将这套行为准则应用于现实环境。毕竟在现实环境中，工作节奏快，让人分心的事物很多，这使得最简单的任务看起来都很艰巨。

为了帮助你在自己的组织中应用这套行为准则，本书所讲的故事的后面用一个简短的部分全面概述了这五个机能障碍。该部分还包括团队测评以及使用工具建议，用于解决困扰团队的机能障碍问题。

最后要强调一点，尽管本书基于我对CEO和高管团队的研究，但它的理论适用于任何对团队协作感兴趣的人，即使你只是公司里一个小部门的领导者，或者仅仅是渴望你所在团队有所改善的成员。无论情况如何，我都真诚地希望本书能帮助你的团队克服其特有的机能障碍，从而达到个人无法企及的成就。毕竟，这才是团队协作的真正力量所在。

第一部分

决策公司管理层变革

幸运

只有一个人认为凯瑟琳是决策科技公司 CEO 的合适人选,幸运的是,那个人正是公司的董事长。

就这样,前任首席执行官被解职不到一个月,凯瑟琳·彼得森便接管了这家公司。就在两年前,这家公司还是硅谷近期历史上最受关注、资金充足、前景光明的初创公司之一。她不知道在短短两年时间里,这家公司怎么会沦落到这步田地,更不知道接下来的几个月里自己会面临怎样的处境。

第 1 章
一个运转失灵的团队

这支团队是如此涣散,大家几乎从来没有达成过一致意见,会议上的讨论既缓慢又缺乏生气,成员之间几乎没有真正的交流。

决策科技公司

　　决策科技公司位于一个沿海农业小镇——半月湾。这里每天都雾蒙蒙的，与旧金山湾区仅隔着几座小山。从严格意义上讲，半月湾不算硅谷的一部分，但硅谷不只是一个地理实体，更是一个文化标志。因此，决策科技公司无疑属于硅谷。

　　公司拥有最富经验（也最昂贵）的高管团队，其商业计划看起来坚不可摧。公司还拥有众多初创公司渴求的顶级投资者，即使是最谨慎的风险投资公司也期盼着能有投资决策科技公司的机会。才华横溢的工程师们更是在公司还没有固定办公室之前，就开始投递个人简历。

　　不过，这差不多是两年前的事了。对于一家初创的高新技术公司来说，两年可能就是一个从盛到衰的生命周期。在经历了最初情绪高涨的几个月后，令人失望和挫败的事件接踵而至。商业计划的关键时间节点开始失控，高管级别以下的几名核心员工突然离职，整个公司士气日渐低迷。尽管决策科技公司拥有相当多的优势，这一切还是发生了。

　　在公司成立两周年之际，董事会达成一致意见，"请"公司37岁的CEO兼联合创始人杰夫·尚利辞去CEO的职务，转去主管商务拓展部门。令同事们惊讶的是，他居然接受了降职，因为公司一旦上市，就可能产生巨额回报，他不想因此错过。即使当前硅谷整体经济不景气，该公司也完全具备上市的条件。

决策科技公司的150名员工中没有任何人对杰夫被免职感到震惊。虽然他们中的大多数人私下里似乎都很喜欢杰夫，但他们也承认，在杰夫的领导下，公司内部的氛围变得越来越令人担忧。高管之间"背后捅刀子"已然成了一门艺术。团队中毫无团结友爱可言，这导致决议和承诺都含混不清。每项工作似乎都要花很长时间才能完成，即使完成了也总是不尽如人意。

针对状况频出的管理团队，有些公司的董事会或许能够给予更多耐心，但是决策科技公司的董事会则不然。因为他们投入太大，备受业内瞩目，无法眼睁睁地看着公司因为办公室政治而日渐衰落。在硅谷，决策科技公司已经被公认为最爱搞办公室政治和工作氛围最差的公司之一，董事会无法容忍这样的媒体报道，尤其是在两年前，公司的前景还是一片光明的。

总要有人对混乱不堪的局面负责，而杰夫就是众矢之的。所以当董事会宣布免去杰夫的CEO职务时，大家似乎都松了一口气。

直到三周后，凯瑟琳走马上任。

CEO人选被质疑

凯瑟琳本人有太多方面不符合CEO的任职条件，但哪一个才是最大的问题，决策科技公司的高管们也无法达成一致意见。

凯瑟琳已经57岁，年纪太大，太老派，至少按硅谷的标准来看是这样的。

更重要的是，她没有在高科技公司的实际工作经验，此前只是在旧金山的一家大型科技公司——三一系统公司担任董事会成员。她职业生涯的大部分时间都是在技术含量明显较低的公司担任运营职务，其中最知名的是一家汽车制造商。

从凯瑟琳的履历来看，比年龄和经验更严峻的问题是，她与决策科技公司的文化似乎格格不入。

凯瑟琳的职业生涯是从军队开始的。后来，她嫁给了当地的一名高中教师兼篮球教练。在生了三个儿子，教了几年初中课程后，她才发现自己很喜欢商业领域。

37岁那年，凯瑟琳参加了一门为期三年的商学院夜校课程，并提前一学期完成了学业。那所商学院在加州州立大学海沃德分校，与哈佛大学或者斯坦福大学的商学院完全无法相提并论。接下来的14年，她一直从事制造业的工作，直到54岁退休。

对决策科技公司的高管团队来说，凯瑟琳的女性身份从来都不是问题，因为高管团队中就有两位女性。由于他们大部分的工作经历都涉及新兴的高科技领域，大多数人在职业生涯的某一时期都曾在女性领导者手下工作。即使团队中有人认为她的性别是个问题，与文化背景明显的不匹配相比，性别问题都可以忽略不计了。

从表面上看，凯瑟琳无疑是一位老派的蓝领阶层管理者。这与决策科技公司的高层和中层管理人员形成了鲜明的对比：他们中的大多数人几乎没有硅谷以外的工作经历。他们中甚至有些人喜欢吹嘘说，大学毕业以来，除了参加婚礼，就没穿过西装。

这就不难理解为什么在看过凯瑟琳的简历之后，董事会成员都在质疑董事长是否头脑清醒，竟然会提议聘用凯瑟琳做CEO。但最终，董事长还是说服了他们。

第一，董事长竭力向董事们保证凯瑟琳一定会成功，而他们对自己的董事长有信心。第二，董事们都知道，董事长在选人方面有非常强的判断力。尽管对杰夫的判断有误，但他们觉得董事长肯定不会连续出错。

也许最重要的是(尽管没有人承认)，决策科技公司已处于性命攸关的境地。董事长坚持认为，考虑到目前岌岌可危的公司状况，没有多少有能力的高管愿意接手这样一个烂摊子。"我们应该感到幸运，有一位像凯瑟琳这样有能力的领导者可用。"他成功地说服了董事们。

不管是不是幸运，董事长下定决心雇用这个他熟识且可以信任的人。当他打电话给凯瑟琳，告诉她董事会的这个决定时，他肯定不知道，仅仅几周后，他就会为这个决定后悔。

凯瑟琳受聘

对于受聘这件事，最惊讶的莫过于凯瑟琳本人了。虽然在私人层面，她与董事长相识多年（两人因凯瑟琳的丈夫给董事长上高中的大儿子当教练而相识），但她没有想到的是，董事长对身为公司高管的她的评价会如此之高。

此前，他们的大部分联系都建立在社交层面，以家庭、学校和当地的体育运动为主。凯瑟琳一直以为董事长除了她作为一位母亲和教练妻子的身份，对她应该知之甚少。

事实上，多年来，董事长一直饶有兴趣地关注着凯瑟琳的职业发展，惊叹于她在所受职业教育并不多的情况下竟然能如此成功。她用不到五年的时间成了旧金山湾区唯一一家美日合资汽车制造厂的首席运营官。这份工作她干了差不多十年，使这家工厂成为全美最成功的合资公司之一。虽然董事长对汽车行业了解不多，但他了解凯瑟琳。凯瑟琳身上有一点让他确信，她是解决决策科技公司问题的完美人选。

凯瑟琳在打造团队方面有着惊人的天赋。

新领导令人担忧

如果说决策科技公司的高管们在公司刚宣布聘用凯瑟琳时，对她只是心存疑虑（他们确实充满疑虑），那么在这位新领导上任两周后，他们的担忧就更加严重了。

这并不是说凯瑟琳做了什么有争议或错误的事情，而是她几乎什么都没做。

除了第一天简短的欢迎会，以及随后同每一个直接下属的面谈，凯瑟琳几乎所有时间都在办公楼里走来走去，与员工攀谈，并尽可能多地参加会议、默默观察。也许最具有争议的就是，她居然让杰夫继续主持每周的高管会议，而她自己只是旁听和记笔记。

在最初几周内，凯瑟琳仅有的实际行动就是宣布，在接下来的几个月里，团队将去纳帕谷召开每次为期两天的一系列高管务虚会。凯瑟琳这么做好像在刻意引火上身，她的下属中没人敢相信，在有那么多现实工作要做的情况下，她竟然好意思带他们离开办公室那么长时间去纳帕谷。

更糟糕的是，当有人建议在第一次务虚会上讨论某个具体议题时，凯瑟琳拒绝了。她有自己已经定好的议程。

听到有关凯瑟琳初期表现的反馈，董事长也有些惊讶和气馁。他得出的结论是，如果凯瑟琳无法找到解决办法，自己有很大的可能和她一起"下课"。现在来看，这似乎是最有可能产生的结果。

决心摆脱困境

最初两周，在观察了决策科技公司的现状后，凯瑟琳有好几次都在反思自己是否应该接受这份工作。但她知道自己不太可能拒绝——退休生活使她坐立不安，没有什么比挑战更能使她振奋了。

出任决策科技公司的 CEO 对她来说无疑是一个挑战，但这个挑战似乎有些不同寻常。虽然凯瑟琳从不畏惧失败，但不可否认的是，一想到可能会让董事长失望，她就不免寝食难安。况且在家人和朋友面前，她的职业声誉可能面临晚节不保的风险，这种情况就算是最自信的人遇到也会感到担心。当然，凯瑟琳对自己有足够的把握。

服兵役，养儿子，看过无数场压哨绝杀的篮球比赛，也勇敢地与工会领导抗争过，这些经历让凯瑟琳断定，她不可能被一群"人畜无害"的雅皮士[①]吓倒。这些人迄今为止在生活中所面临的最大困扰，无外乎对抗日渐后退的发际线和日益增加的腰围。凯瑟琳相信，只要董事会给她足够的时间和回旋余地，她就一定能够扭转公司的局面。

尽管凯瑟琳缺乏深入的软件行业经验，但她并不担心。事实上，她甚至把这当成一个有利条件。她的大多数直接下属似乎都被自己的技术知识麻痹，好像他们只有亲自做编程和产品设计才能让公司腾飞。

凯瑟琳明白，杰克·韦尔奇不需要自己成为生产烤面包机的专家，才能缔造通用电气公司的成功，赫伯·凯莱赫也不需要花一辈子时间开飞机，才能建立美国西南航空公司。虽然她的技术背景有限，但凯瑟琳觉得她对公司软件和技术的了解，足以让她

---

① 雅皮士，指城市中收入高、生活优裕的年轻专业人士。——译者注

带领决策科技公司走出困境。

然而，在接受这份工作时，她根本不知道这支高管团队的机能失调到了何种地步，也不知道他们将会以怎样前所未有的方式来挑战她。

管理团队成员

在决策科技公司，员工称公司高管为"管理层"（The Staff），没有人视其为"管理团队"。凯瑟琳认为这一现象绝非偶然。

尽管这些高管拥有无可争辩的聪明才智和令人钦佩的教育背景，但他们在会议上的言谈举止甚至比她在汽车行业见过的任何情况都糟糕。虽然从表面上看，他们从未表现出公然对立，也从未有人当面争吵，但潜在的紧张氛围还是一览无遗。其结果就是，决策似乎永远悬而未决；讨论既缓慢又乏味，几乎没有真正的交流；每个人好像都在迫切地等待会议结束。

尽管这支团队整体来看很糟糕，但从个体来看，每个人似乎都很友善，也都很通情达理。当然，有个别例外。

杰夫——公司前 CEO，主管商务拓展的副总裁

杰夫·尚利本质上是一个有着多方面知识和经验的通才，他热衷于在硅谷建立工作关系网，为公司筹集了数额相当可观的初始资金，吸引了多位能人加入公司成为现任高管。没有人质疑他

在募集资金和招揽人才方面的超凡能力。但在管理方面,则是另一回事了。

召开管理层会议时,杰夫就好像一个照本宣科的学生会主席。他总是在每次会议前公布一份会议议程,并在会议后分发详细的会议记录。和大多数高科技公司不同的是,他的会议通常准时开始,然后按预定的时间准时结束。事实上,这些会议什么问题也没解决,但这似乎并没使杰夫感到困扰。

虽然杰夫被降职了,但他仍保留了在董事会的席位。凯瑟琳原本以为杰夫可能会怨恨她接替其位置,但她很快发现,减轻管理责任令杰夫如释重负。对于杰夫是公司董事还是她管理团队的一员,凯瑟琳都不担心,因为她觉得杰夫为人很公正。

米琪——主管市场营销的副总裁

市场营销在决策科技公司是一个极其重要的职能,而找到像米歇尔·比比这样炙手可热的人让董事会欣喜若狂。米琪(米歇尔喜欢别人这样称呼自己)是闻名硅谷的塑造品牌方面的天才。但让人备感诧异的是,米琪居然不懂得最基本的社交礼节。

在会议上,她比其他人说得都多,偶尔会提出一些奇思妙想,但更多的时候都是在抱怨,抱怨决策科技公司在所有事情上都不如自己曾经效力的公司做得好。在决策科技公司里,她看起来就像个旁观者,或者更确切地说,更像这个环境中的受害者。尽管米琪从来没有当面和同事争吵,但每当有人不同意她提出的市场营销方面的观点时，她总是会带着一副明显厌恶的表情翻白眼。凯瑟琳断定米琪并没有意识到她的行为给别人留下了怎样的印象，因为没有人会故意这样表现自己。

因此，尽管米琪才华横溢、成就卓著，她在管理层中最不受欢迎，凯瑟琳对此毫不意外。令她感到意外的反而是马丁。

马丁——首席技术官（CTO）

马丁·吉尔摩是决策科技公司的创始人之一，也是公司里最像发明家的人。他设计了公司旗舰产品的原始架构。尽管其他人做了很多实际的产品开发，但高管们还是经常说马丁是"王冠珍宝的守护者"，做这个类比的部分原因源于马丁是个英国人。

马丁认为自己对技术的了解不逊于硅谷的任何人，事实可能的确如此。他拥有加州大学伯克利分校和剑桥大学的高级学位，并曾在另外两家科技公司担任首席架构师，取得了非常辉煌的成果。因此，他被视为决策科技公司的核心竞争优势，至少在人力资本方面是这样的。

和米琪不同，马丁不会去扰乱会议进程。确切地说，他几乎不参与会议——并不是说他拒绝出席会议（即使是杰夫，也不可能容忍这样公然对抗的行为），只是他的笔记本电脑总是开着的，似乎时时都在查看邮件，或专注于其他事情。除非有人发言出现错误，马丁才会发表评论，而且他的评论总是充满讽刺意味。

最初，同事们还能容忍他，甚至觉得很有趣，大家似乎对他的才智感到敬畏。但随着时间的推移，大家逐渐感到厌烦。特别是随着近期公司陷入困境，马丁的行为越发让他们恼怒、厌恶、焦虑难忍。

JR——主管销售的副总裁

为了避免把他和杰夫·尚利搞混，大家都管这位销售老大叫JR。他的真名是杰夫·罗林斯，但他似乎很喜欢这个新名字。JR是一个有经验的销售人员，比其他人稍微年长一点儿，45岁左右。他经常把自己晒成古铜色，待人彬彬有礼，对同事们提出的任何要求都一口答应。

遗憾的是，JR做事很少善始善终。遇到这种情况时，他会大方地承认自己没能兑现承诺，然后向所有被辜负的人诚恳道歉。

尽管大家将这称为"JR的未解之谜"，但他辉煌的过往仍为他赢得了同事们某种程度上的尊重：在加入决策科技公司之前，他从事的销售工作从未出现过季度业绩没完成的情况。

卡洛斯——主管客户服务的副总裁

虽然决策科技公司的现有客户还很少，但董事会坚定地认为，公司需要提早在客户服务方面进行投资，为公司客户数量增长做好准备。卡洛斯·阿马多曾经在两家公司和米琪共事，他还是经米琪介绍加入现在这家公司的。令人啼笑皆非的是，这两个人简直大相径庭。

卡洛斯很少说话，但只要开口，就一定是重要且有建设性的话。他开会时专心倾听，超长时间工作也毫无怨言，每当有人问起他过往的成就，他总是轻描淡写。如果说管理层中有一个不用操心又值得信赖的人，那就是卡洛斯。

尽管卡洛斯的工作能力还没有充分显露，令凯瑟琳稍有疑虑，但她庆幸至少有这么一个新下属不必让她操心。事实上，卡洛斯主动承担了包括产品品控在内的一系列被忽视的职责，这让凯瑟琳能够专注于更紧迫的问题。

简——首席财务官（CFO）

在决策科技公司，首席财务官一直是一个至关重要的角色，并且只要公司还打算上市，就会一直如此。简·默西诺在加入公司的时候就知道自己该做什么。杰夫能够从风险投资家和其他投资者那里筹集巨额资金，简发挥了关键作用。

简是一个注重细节的人，她以自己拥有的行业知识为荣，对待公司的钱就像对待自己的一样小心谨慎。董事会在开支方面给了杰夫和管理层很大的自由度，而他们之所以能这样做，正是因为他们知道简不会让事情失控。

尼克——首席运营官（COO）

名义上，高管团队的最后一位成员应该是最引人注目的。尼克·法雷尔曾任美国中西部一家大型计算机制造商的副总裁，主

第 1 章 一个运转失灵的团队

管现场运营。他为了决策科技公司这样一家小公司的工作，举家搬到了加州。可惜，在团队的所有人里，数他的角色最不明确。

尼克是公司正式任命的首席运营官，但那只是因为他强烈要求将这个头衔作为接受这份工作的一个条件。董事会和杰夫同意给他这个头衔，因为他们相信只要他按 COO 的职责开展工作，不出一年，他就能实至名归。更重要的是，他们已经对聘用明星高管上瘾了，似乎错过尼克就会影响他们获胜的概率。

自从公司发展速度放缓，在所有高管中，尼克受到了最直接的影响。基于杰夫有限的管理能力，公司雇用尼克是为了引领公司快速扩张，包括建立基础运营平台，在世界各地开设新的办事机构，并负责收购和兼并重组工作。而现在尼克的大部分职责都被搁置了，每天几乎没有什么重要的工作可做。

虽然很失落，但尼克没有怨天尤人。相反，他努力跟每个同事建立良好的关系，只是有些关系很表面化，因为他私下里认为这些人都不如自己。尼克觉得，自己才是公司里唯一有资格做 CEO 的高管，尽管他从来没有对任何同伴这样说过，但很快就尽人皆知了。

第 2 章
点燃团队希望之火

一支四分五裂的团队就像手术时接错了的胳膊或腿，要修复它总是要经历痛苦的。有时你需要重新打断它才可以更好地愈合。

第一项考验

凯瑟琳上任后的这段时间，平常都会收到许多电子邮件，这封邮件看起来只是其中普普通通的一封。邮件的主题是"下周客户商机"——毫无恶意，甚至显得很积极，尤其发件人还是尖刻的总工程师马丁。邮件内容本身很短，当然，最具破坏力的信息通常都不长。

这封邮件没有发给特定的某个人，收件人是全体高管，这也就掩盖了其潜在的煽动性：

> 刚刚接到 ASA 制造公司的电话。该公司有兴趣评估我们的产品，并考虑下个季度采购。我和 JR 下周会去跟 ASA 的人见面，这可能是一个大好商机。我们将在下周二尽早回来。

这个时间明显与高管要外出参加的务虚会有冲突，对此，马丁却避而不谈，这让凯瑟琳有些难办了。马丁并没有就缺席一天半的会议提前请假，这要么是因为他觉得没有必要这样做，要么是因为他想完全回避这次会议。至于究竟是什么原因，凯瑟琳认为并不重要。

凯瑟琳抑制住自己回邮件与马丁对峙的冲动，断定这将是她作为 CEO 要经历的第一个关键时刻，而她很清楚，解决这类问题最好的方式就是面谈。

凯瑟琳去找马丁时，他正坐在两面临窗的高级办公室里查看邮件。马丁背对着打开的房门，凯瑟琳没有敲门，径直走了进去。

"马丁，打扰一下。"凯瑟琳等着马丁慢悠悠地转过身来，继续说，"我刚看到那封关于拜访 ASA 的邮件。"

马丁点了点头，凯瑟琳接着说道："这真是个好消息，但因为与高管务虚会的时间安排冲突，我们不得不把与 ASA 的会面推迟几天。"

马丁沉默了一会儿，气氛有些尴尬，然后他用比以往更浓重的英国口音平静地回应道："我想你没搞明白。这是一个潜在的销售机会，你不能就这么把时间改……"

凯瑟琳打断了他，就事论事地回答道："不，我明白。但是我认为下周晚些时候再去拜访也没问题。"

马丁并不习惯被直接反驳，他的情绪变得有点儿激动。"如果你认为纳帕谷会议更重要，那么我认为我们可能没分清轻重缓急。我们需要先做好销售啊！"

凯瑟琳深吸了一口气，用微笑掩饰着自己的懊恼。"现在我只在乎一件事：我们需要像一支团队那样齐心协力，否则我们什么都卖不出去。"

马丁静默不语。

短暂的尴尬过后,凯瑟琳决定结束谈话。"就这样,下周我们纳帕谷见。"她正转身准备离开,又回过头来对马丁说,"对了,如果你需要我帮助你重新安排与 ASA 的会谈,可以告诉我。我认识他们的 CEO 鲍勃·坦尼森,我们在三一系统公司董事会共事过,而且他欠我一个人情。"

说完,她离开了房间。尽管马丁决定暂时不再正面进攻,但战斗才刚刚开始。

与杰夫谈话

第二天早上,杰夫路过凯瑟琳的办公室,问她是否愿意一起吃午饭。原本在午休时间有事要办的凯瑟琳,很乐意接受她这位直接下属的邀请,调整了时间安排。杰夫选择的午餐地点是半月湾历史最悠久的墨西哥餐厅,因为在那里用餐的大部分是本地居民,碰不到熟人,是他心目中深度交流的最佳场所。

没等杰夫提出他想讨论的话题,凯瑟琳就先开口说话了,她要按自己的节奏来。"杰夫,我要感谢你在过去两周里主持了高管会议。这样,我才有机会仔细观察。"

杰夫礼貌地点了点头,接受了她简短但真挚的感谢。

凯瑟琳继续说道:"下周纳帕谷会议过后,我会接手主持高管会议。不过你在会议上不必有所顾忌,我希望你能够和其他成员一样畅所欲言。"

杰夫点了点头，说："好，这个没问题。"他停顿了一下，紧张地摆弄着镀银餐具，最终鼓起勇气谈起邀请凯瑟琳共进午餐的初衷："既然你提到纳帕谷会议，那我想问一个问题。"

"尽管问。"凯瑟琳几乎被杰夫的焦躁不安逗乐了。预料到杰夫会问到她与马丁的争执，她反倒显得镇定自若。

"昨天离开办公室之后，我和马丁在停车场谈了谈。"他停了下来，希望凯瑟琳能说些什么。见她没搭话，杰夫只好继续，"嗯，他对我说了 ASA 会谈和纳帕谷会议日程安排方面的问题。"

杰夫又停顿了一下，期待着这位新老板能仁慈地表个态。这一次凯瑟琳开口了，但只是为了鼓励他继续说下去："然后呢？"

杰夫咽了一下唾沫。"是这样，马丁认为客户会议毕竟比内部会议更重要，说实话，我也赞同他的看法。所以，如果他和 JR 错过一天多的内部会议，我觉得也没什么。"

凯瑟琳字斟句酌地说："杰夫，我理解你的意思，其实我不介意你和我有意见分歧，尤其是你当面告诉我的时候。"

杰夫顿时松了一口气。

"然而，我被雇来是为了让这家公司更好地运转起来，可现在看来情况不容乐观。"

杰夫一时不知该表示惭愧还是该表现得愤怒，凯瑟琳马上澄清道："我不是要批评你迄今为止所做的一切，因为在我看来，没有人比你更在乎这家公司了。"听到这句话，杰夫觉得好受了一些。凯瑟琳干脆直入主题："但是，从团队的角度来看，我们完全是一盘散沙。一次销售会谈并不会给公司带来多大的价值，至少在我们理清领导层存在的问题之前不会。"

由于还不太了解凯瑟琳的风格，杰夫认为多说无益，还可能会影响自己的职业发展。他点点头，好像在说：好吧，你说了算。两人随后一边闲聊一边以最快的速度吃完午餐，返回了办公室。

获得董事长授权

与杰夫的谈话没有给凯瑟琳造成任何困扰。她当然预料到，自己与马丁的冲突会在这些下属高管中产生一些激烈的反响，但她没想到会惊动董事长。

当天晚上，刚接起董事长的电话时，凯瑟琳本以为他是来向她表示支持的。

"我刚和杰夫通完电话。"董事长一开始语气很轻松。

"那我猜你已经听说我和马丁'顶牛'的事了。"

凯瑟琳幽默和自信的态度让董事长的语气变得严肃起来。"是啊，而且我有点儿不放心。"

这句话让凯瑟琳有些猝不及防，她问道："不放心？"

"你看，凯瑟琳，你也知道，我并不是想干涉你，但或许你应该先设法和大家建立友好关系，而不是拱火、破坏关系。"

凯瑟琳没有马上回应。尽管董事长的话令她感到诧异，但她还是很快冷静下来，并立刻切换到了CEO角色。"好吧，我有些话想说，但绝无辩解或冒犯之意。"

"嗯，我明白，凯瑟琳。"

"那就好，因为我不想遮遮掩掩、吞吞吐吐——尤其是对你。"

"我很感激你能这样想。"

"听完我接下来说的话，你可能就不这么想了。"

董事长勉强地笑了笑，说："好吧，我洗耳恭听。"

"首先，不要认为我有随意拱火的恶趣味。在过去的两周里，我一直在仔细观察这些人，我现在所做的以及我计划要做的事情，都有特定的目的，是我有意为之的。我当时和马丁硬碰硬，绝不是因为一时头脑发热。"

"我可以理解，只是……"

凯瑟琳礼貌地打断了他："请听我把话说完，因为这十分重要。"

"好吧，请继续。"

"对于我正在努力解决的问题，如果你自己能搞定，也就不需要我了。对吗？"

"对，没错。"

"我非常理解你的担心和顾虑，我也知道你是出于好意。但我不得不说，你的好心给公司带来的是伤害，而不是助益。"

"抱歉，我没听懂你的意思。"

凯瑟琳接着说道："这么说吧，在过去的18个月里，你一直

第 2 章　点燃团队希望之火

非常积极地跟杰夫以及团队其他成员保持互动，甚至比大多数董事长更积极。你眼看着这个团队越来越深地陷入协作障碍和混乱之中。现在你找我来，希望我能解决这个问题。这是你想要的，对吧？"

"当然，这正是我想要的。"

"那么，我有一个问题想问：你找我来解决这个问题，准备好接受由此产生的所有后果了吗？现在不要马上回答，"董事长话刚到嘴边，就被凯瑟琳拦住了，"想一想再说。"

她抛完问题，继续说道："这不是件容易的事。可以说，相当不容易。对公司、对高管、对我，乃至对你都不容易。"

董事长沉默不语，他本想立刻向凯瑟琳保证，无论她需要什么他都会支持，但他克制住了这股冲动。

凯瑟琳把他的沉默理解为认同，继续一针见血地说："你可能听我丈夫说过，支离破碎的团队就像折断的手臂或腿。复原它总是痛苦的，有时为了正确地复位，你必须再次折断它。而再次折断比初次折断时疼得多，因为这一次你必须刻意为之。"

董事长又沉默了很长时间后，才说："好吧，凯瑟琳，我明白你的意思了。你认为该做什么就去做吧，我不会再干涉了。"

凯瑟琳看得出来，这次他是认真的。

"不过，我还有最后一个问题：你想把这支团队'再次折断'到什么程度？"

"这个月底就知道了。"凯瑟琳回答道。

纳帕谷会议按计划召开

凯瑟琳之所以选择纳帕谷作为会议的地点，是因为那里距离公司足够近，可以节省时间和路费，同时又有一些距离，能给人离开城市的感觉。不论去过多少次，纳帕谷这个地方似乎总能让人们放慢脚步。

会议地点选在了扬特维尔镇上的一家小旅馆。凯瑟琳喜欢这家小旅馆，因为它在淡季的价格还算合理，而且正好有一间宽敞舒适的会议室。会议室在二楼，有独立的阳台，可以俯瞰数英亩[①]的葡萄园。

会议将于上午 9:00 开始，这意味着团队中的大多数人必须早早离开家才能准时到达。8:45，大家都已在前台寄存好行李，来到了会议室。除了马丁。

虽然没有人提到马丁，但每个人都在频频看表，猜想马丁是否会准时到场。

连凯瑟琳都有点儿紧张，她可不希望会议的第一件事是训斥某人迟到。有那么一瞬间，她感到一阵恐慌，如果马丁根本不露面，她该怎么办？她总不能因此开除他吧？她能这么做吗？她在董事会有这种政治资本吗？这家伙到底有多重的分量？

当马丁于 8:59 走进会议室时，凯瑟琳长吁了一口气，责怪自

[①] 1 英亩约为 4 047 平方米。——编者注

己过虑了。她感到很欣慰，一个月以来一直想做的事情，终于可以开始了。虽然围坐在桌旁的这群人的态度依然令人担心，但凯瑟琳不能否认，类似这样的时刻是她热爱当领导者的原因之一。

第一个议题：信任

马丁坐在了会议桌尽头唯一空着的座位上，正对着凯瑟琳。他一坐下，就从包里取出了笔记本电脑，摆在面前，但没有马上开机。

凯瑟琳决心不被马丁的举动分散注意力，她微笑着，从容得体地开始了她的开场演讲。

"大家早上好，我想以简单的几句话作为今天的开场白，这几句话，我以后还会多次重复。"没人意识到，凯瑟琳对这段话有多么认真。

"我们拥有一支比任何竞争对手都有经验和才华的高管团队。我们拥有比竞争对手更多的现金。多亏了马丁和他的团队，我们也有更领先的核心技术。除此之外，我们还有一个更强大的董事会。尽管如此，我们在收入和客户增长方面仍落后于两家竞争对手。有人能告诉我这是为什么吗？"

会议室陷入了沉默。

凯瑟琳语气温和地说："我和董事会的每一位董事都面对面沟通过，还和你们每个人做了一对一交流，又和大部分员工交谈过,我很清楚我们的问题是什么。"她稍微停顿了一下才说出下面的话:"我们没有像一支团队那样运作,事实上,我们存在相当程度的组织机能失调。"

几个高管朝杰夫瞥了一眼,看看他会做何反应。杰夫没有任何表示,但凯瑟琳感到现场的气氛有一丝紧张。

"我这么说并不是要特别针对杰夫或其他某个人,而是在陈述一个事实。这也正是接下来的两天我们要着手解决的问题。我明白,一个月离开办公室这么多天出来开会,你们会觉得荒唐和不可思议。但我相信到月底,每一位还留在这里的人都会明白这么做的必要性。"

最后那句话引起了每个人的注意。"我想把丑话讲到前面,决策科技公司在接下来的几个月里将会经历一些变化,很可能有人并不想继续待在变革后的公司里。这不是在恐吓或耍手段,我也没有特指任何人。这只是一种非常现实的可能性,没什么好否认的。我们每个人都是职场精英,如果有人为了公司和团队的利益而离开,那绝不会是世界末日。"

凯瑟琳站起身,走到白板前,尽量不让自己显得傲慢无礼或者居高临下。"你们中可能还有人对外出开会心存疑虑,但我向你们保证,接下来我们要做的每件事只有一个目的:让这家公司获得成功。仅此而已。我们不是来搞那种一个人从高处跌落,一群人负责接住的团建活动的。"

有几个人咯咯笑了出来。

第 2 章　点燃团队希望之火

"当然，我们也不是要手拉着手、唱着歌，或者'赤裸相见'。"

所有人都大笑起来，就连马丁也挤出了一个笑容。

"我向你们保证，无论是在这里开会还是在公司工作，有且只有一个目标：为了取得成果。在我看来，取得成果是衡量团队的唯一标准，只要我还在这家公司，它就是我们做每件事的出发点。我很期待明年乃至后年，我们能够看到公司收入、利润率、客户留存率及客户满意度大幅提升，如果市场环境允许，甚至可能完成上市。但是，我也十分肯定，如果不解决那些阻碍我们像一支团队一样行动的种种问题，以上这些都无从谈起。"

凯瑟琳停了一会儿，希望大家能领会到她这番话中简单易懂的道理，然后继续说道："那我们该怎么做呢？这些年来，我得出的结论是，团队机能失调有五个原因。"

她在白板上画了一个三角形，用四条水平线将其分开，形成了五个独立区域（见图 1）。

她转身面向大家，说道："在接下来的两天里，我们会借助这个模型，一个问题一个问题地解决。你们一看就明白，这些问题并不高深。实际上，它们都非常简单，关键在于付诸实践。现在，我想从第一个机能障碍开始：缺乏信任。"她转过身去，在三角形的最底部写下这四个字。

团队成员默念这四个字，纷纷皱起眉头，好像在说：只是这个？

```
      /\
     /  \
    /----\
   /      \
  /--------\
 /          \
/------------\
/   缺乏信任   \
/--------------\
```

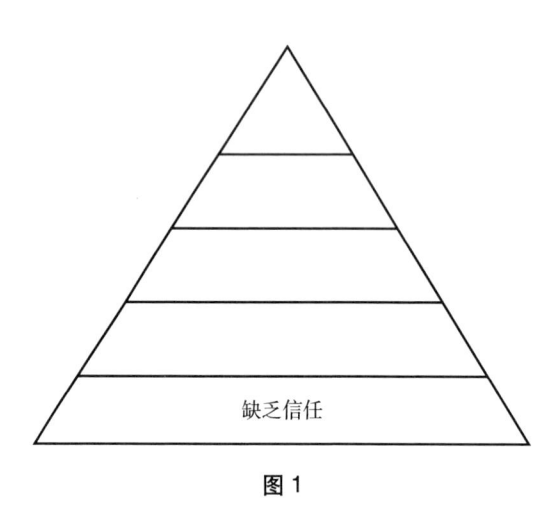

图 1

凯瑟琳对这种反应习以为常了,她继续说道:"信任才是团队协作真正的基础。所以,第一个机能障碍就在于,团队成员彼此无法相互理解、敞开心扉。如果这么说听起来太肉麻,那我有必要解释一下,因为它至关重要。建立信任绝对是团队协作的关键,甚至可能是最关键之所在。"

有几位成员显然还需要听进一步的解释。

"在优秀的团队里,成员彼此之间不会有所保留,"凯瑟琳说道,"他们不害怕丢人,敢于承认错误、暴露弱点、表达顾虑,而不必担心留下把柄。"

大多数人看似都同意这个观点,但不怎么感兴趣。

凯瑟琳继续说:"事实上,如果我们不信任彼此——在我看来,我们确实如此——那么我们就很难成为一支能够取得成果的团队。

所以，我们的首要聚焦点就是建立信任。"

开始讨论

房间里一片寂静，直到简举起了手。

凯瑟琳笑道："我的确当过学校老师，但今天大家不用举手发言，随时都可以发言。"

简点点头，问道："我并不是想否认或刻意反对什么，我只是想知道，为什么你认为我们彼此不信任呢？有没有可能只是你还不够了解我们？"

凯瑟琳仔细地思考这个问题，想给出一个深思熟虑的答案："简，我的结论基于相当多的反馈，包括董事会、员工，甚至在座的很多人。"

简看起来对这个回答感到满意，但凯瑟琳还没说完："但我不得不说，除了这些反馈，我还亲眼看到了一个信任问题——你们在高管会议上或其他互动交流中几乎没有争论。不过，我不想过早地谈这个问题，因为那是模型的其他部分。"

尼克马上追问道："但没有争论不一定意味着缺乏信任，对不对？"他问这个问题更多的是在表明自己的立场。会议室里的每个人，包括马丁和米琪，似乎都迫切地想听听凯瑟琳会怎样回答。

"是的，我认为，确实不一定。"

看到凯瑟琳肯定了自己的说法，尼克不禁有些得意。

然而，凯瑟琳很快澄清道："从理论上看，假如所有人掌握的信息一致，步伐一致，且没有任何疑虑地向着同一目标迈进，那么我认为缺少争论可能是个好现象。"

这种描述显然不适用于他们，不止一个人不好意思地笑了笑。尼克的欣喜感顿时消散了。

凯瑟琳继续向尼克解释道："必须承认，我所观察过的每支高效团队中都有相当程度的争论，即使在信任度最高的团队里也会存在大量的争论。"然后，她向房间里的其他人提了一个问题："你们觉得，为什么我们团队中很少有激烈的辩论或争论呢？"

一开始没有人回答。凯瑟琳没有打破这令人不安的沉默，直到米琪小声地嘀咕了什么。

"不好意思，米琪，我听不到你说什么。"凯瑟琳竭力掩饰着对风凉话的厌恶，这是她教七年级学生时就已经养成的习惯。

米琪提高了音量，说道："哪有时间争论啊？我们都太忙了，根本没有时间就细枝末节的问题进行长时间的辩论。我们一直都在埋头工作！"

凯瑟琳察觉到其他人可能有和米琪不同的意见，但她不确定有没有人敢挑战米琪。正当她准备自己上场时，杰夫试探性地开口了："米琪，在这一点上，我不太同意你的看法。我觉得我们或许并不缺少辩论的时间，我们只是不愿意正面交锋。我也不知道为什么。"

米琪的回应迅速而尖刻："那也许是因为我们的会议总是既僵

化又无聊啊。"

出于本能的保护，也是出于对杰夫站出来勇敢面对米琪的鼓励，凯瑟琳很想帮助杰夫说些什么，但最终，她还是决定顺其自然。

沉默片刻后，卡洛斯温和地发表了自己的看法，没有针对米琪，而是指向整个团队。他说："各位，我同意我们的会议的确很枯燥无聊，并且议程通常太满。不过，我觉得我们本可以更加直接地质疑彼此。我们确实在很多事情上都没有达成一致的意见。"

尼克大声地说："我认为，我们在任何事情上都没有达成一致的意见。"

大家都笑了——除了马丁，他打开笔记本电脑，按下了开机键。

凯瑟琳加入了这场开始变得活跃的讨论："确实，你们在大多数事情上无法达成一致，然而，你们似乎也不愿意承认自己有顾虑。虽然我不是心理学专家，但这就是我所知道的一种信任问题。"会议室里有人点头表示赞同。凯瑟琳很感激这种配合，就像一个饥饿的人终于得到了几片面包。

突然，房间里响起了打字的声音。马丁现在完全退出了讨论，正在像个电脑程序员一样敲击着键盘。敲击声分散了大家的注意力，每个人都瞥了马丁一眼，刚刚好转的讨论氛围顿时被破坏了。

凯瑟琳从第一次参加高管会议开始，就"盼"着这一时刻的到来，可又害怕这一刻。尽管她不希望这么快又和马丁起冲突，但是她不想错过这个机会。

紧张局势：强调开会纪律

凯瑟琳望向桌子对面正旁若无人地敲击键盘的马丁，会议室里的气氛逐渐紧张起来。大家认为凯瑟琳也就是看看，不会真的说什么，但他们太不了解凯瑟琳了。

"马丁，打扰一下。"

马丁停止了打字，抬起头望向他的老板。

"你在忙什么事情吗？"凯瑟琳诚恳地问道，不带一丝讽刺的语气。

会议室里一片死寂，所有人都急切地等着马丁的回答，过去两年来，他们一直都想问这个问题。

马丁好像根本不打算正面回应，只是说："我就是在做笔记。"然后，他继续打字。

凯瑟琳面不改色，淡淡地说道："我觉得现在是个很好的时机，让我们一起谈谈开会的基本规则吧，包括像今天这样的外出会议，以及未来我们召开的其他会议。"

马丁再次抬起头来望向他的老板，凯瑟琳则继续对整个团队说道："关于开会，我没有过多的规则，但有几条是我比较坚持的。"

大家都等着听她接下来会说些什么。

"总的来说，我希望你们都能做到两件事——出席和参与。这意味着，无论我们在讨论什么，每个人都需要完全参与。"

就算是马丁，显然也知道什么时候应该收敛一点儿。这位首席技术官用很少见的语气温和地问了一个问题："如果讨论的内容不是和每个人都相关怎么办？有时候，我们所讨论的问题似乎最好在会后用一对一的方式处理。"

"这是个好问题。"凯瑟琳正在把马丁带入讨论，"如果我们觉察到有些事情应该在会后处理，却正在这样的事情上浪费团队的时间，那么每个人都可以随时提出来。"

看到凯瑟琳同意他的意见，马丁似乎很高兴。

凯瑟琳接着说道："不过，我希望每个人在开会的时候都能全情投入。马丁，我知道有些人更加喜欢用电脑做记录，就像你这样。但这样太容易让人分心了，也容易被误以为是在查看电子邮件或者做其他事情。"

米琪决定替马丁说句话，尽管马丁不想要也不需要她这样做。"凯瑟琳，恕我直言，你没在高科技的企业文化环境中工作过，要知道，在软件公司，开会时用电脑是很常见的。我的意思是，可能在汽车制造业不是这样，但是……"

凯瑟琳礼貌地打断了她："其实，这在汽车制造业也是很常见的，我也遇到过同样的问题。事实上，这是个行为问题，而不是行业问题。"

杰夫笑着点了点头，对凯瑟琳的说法表示赞同。话音刚落，马丁便合上了笔记本电脑，并把它放回了电脑包。好几个人愣愣地看着凯瑟琳，好像她刚刚说服了一个抢劫银行的歹徒，让他交出了手中的枪。

要是今天剩下的时间都能这么轻松就好了。

袒露儿时经历

凯瑟琳明白，会议即将进入一个貌似简单实则关键的环节，这个环节会让她找到未来几个月事态可能如何发展的蛛丝马迹。毫无疑问，这才是凯瑟琳议程中第一项真正的团队练习。

"在进行有难度的讨论之前，让我们先从被我称为'个人经历'的部分开始。"

凯瑟琳解释说，每个人都将回答5个不涉及个人隐私的、与个人背景相关的问题。随后，她用一句提醒结束了做这个练习的说明，连马丁似乎都领会了其中的幽默。"记住，我想听的是你的童年生活，但是对你深藏的童心没兴趣。"

决策科技公司的高管们逐一分享自己的个人经历，诸如家乡在哪里、在家里排行第几、童年有什么爱好、成长历程中的最大挑战，以及第一份工作。

对每个人来说，每个问题的分享中都包含了一两段难能可贵、不为人知的珍贵回忆。

卡洛斯是家里9个孩子中的老大,米琪在纽约茱莉亚音乐学院学过芭蕾舞,杰夫曾经是波士顿红袜队的球童,马丁童年的大部分时间是在印度度过的,JR有一个同卵双胞胎兄弟,简是在军人家庭长大的。在讨论中,尼克竟然发现他在高中时和凯瑟琳的丈夫执教的球队打过篮球比赛。

至于凯瑟琳,最令她的下属吃惊且印象深刻的经历,不是她所接受的军事训练和在汽车行业工作的经历,而是她曾经是全美大学生排球联赛的运动员。

真的很难想象,仅仅45分钟极其温和的个人故事分享,就使得团队之间的关系似乎比过去一年的任何时候都融洽,交流氛围也更愉悦。但凯瑟琳经历过很多次这样的场景,她知道一旦谈论的话题转向工作,这种极度兴奋的情绪就会消失。

米琪的表现暴露问题

短暂休息后,团队成员们回到会议室,很显然,早上的个人经历练习带给他们的兴奋感已经消退了不少。在接下来的几个小时里,他们回顾了来纳帕谷之前用各种测评工具测出的个人行为倾向,甚至在午餐时也在讨论。其中一个工具就是MBTI(麦尔斯-布瑞格斯性格类型指标)。

令凯瑟琳欣喜的是,马丁似乎也参与讨论了。不过话说回来,她认为,每个人都喜欢深入了解自己,也喜欢谈论自己。可面对批评时就不是这样了,而批评即将到来。

考虑到大家的精力情况,凯瑟琳认为不适合在傍晚进入下一阶段。于是她让大家休息几个小时,查看一下邮件,做做运动或其他任何想做的事。凯瑟琳知道这一天会结束得很晚,她不想让他们太早就筋疲力尽。

在下午的大部分休息时间里,马丁都在房间里查看电子邮件。尼克、杰夫、卡洛斯和JR在酒店的院子里玩地滚球游戏。凯瑟琳和简在大堂讨论预算问题。米琪则坐在游泳池边看小说。

晚餐时间,大家再次聚到一起,凯瑟琳很高兴地看到他们又开始讨论先前的话题。到目前为止,每个人都确认了他们在工作中不同的行为风格,并讨论了内向和外向以及其他几种性格特征的内在含义。

大家明显都放松下来了,一边吃比萨,一边喝啤酒,气氛看起来十分融洽。卡洛斯取笑简太过挑剔,杰夫则嘲笑JR经常开小差,甚至当尼克评价马丁是"闷骚型"时,马丁的反应也很友好。没有人因这些实话实说但善意的玩笑话感到困窘,除了米琪。这并不是说米琪反感他们的调侃,更糟糕的是,根本就没人敢拿她开玩笑。确切地说,他们对米琪没有任何评论,毫不奇怪,她对他们也没有。

凯瑟琳希望米琪也参与这一过程,但又不想这么快就表现得咄咄逼人。事情进行得很顺利(比她预想的要顺利),团队现在似乎愿意谈论凯瑟琳在高管会议上观察到的一些团队机能障碍的现象了。

凯瑟琳想，在外出会议的第一天晚上，没必要再制造争端，特别是在已经躲过马丁的几次进攻之后。但有时候，事情是无法控制的：米琪自己将自身的问题暴露得一览无余。当尼克对大家说，他发现这些性格描述出奇准确且很有用时，米琪做了个她在会议上常做的招牌动作——翻白眼。

凯瑟琳正要指出来时，尼克抢在了前面："你究竟是什么意思？"

米琪的反应就好像她不知道尼克指的是什么："怎么了？"

尼克本来是想跟她开个玩笑，但显然有点儿恼火了："拜托，你翻了个白眼。我说了什么蠢话吗？"

米琪坚持装糊涂。"没有呀！我可什么都没说。"

此时，简加入了对话，语气温和地说道："米琪，你什么都不用说，可你脸上的表情说明了一切啊。"她想帮米琪在不丢面子的情况下爽快地承认不妥的行为，以此来缓和局面。简对米琪说："有时候我觉得你甚至都不知道自己在那样做。"

但是米琪不领情，萌生了一些抵触情绪，她不满地说："我真的不知道你们在说什么。"

尼克不依不饶地说："得了吧！你每次都这样，就当我们都是白痴一样。"

此刻，凯瑟琳暗下决心：下次晚餐绝不能要啤酒了。但不可否认的是，她很高兴看到问题浮出了水面。凯瑟琳咬了一口比萨，压抑着营造虚假和谐氛围的冲动,和其他人一样静观其变。

突然,米琪开始尖锐地反击:"听着,你们这些家伙,我对这种披着心理学外衣的伪科学并不热衷。我认为那些正在击败我们的竞争对手,没有谁会坐在纳帕谷的酒店里,谈论从哪里获得能量或者如何看待这个世界。"

突如其来的对整个会议议程的谴责,让房间里原本正在享受其中的众人感到猝不及防,于是大家把目光投向了凯瑟琳,想看看她会做何反应。但马丁抢先了一步。

"是的,你说得没错。"让人们感到震惊的是,看似参与度很高的马丁竟然为米琪辩护——直到他说完这句妙语,"他们或许在卡梅尔①。"

如果别人这么说,大家也许只会轻声一笑,但马丁干巴巴、带有挖苦意味的语气调侃的对象又是米琪惹得每个人都狂笑不止。当然,米琪除外,她只是坐在那里苦笑。

有那么一会儿,凯瑟琳认为她的这位主管市场营销的副总裁会愤然离席。那可能也比米琪接下来的做法好:在接下来的90分钟里,她没再说一句话。尽管团队还在继续讨论,但她只是沉默地坐在那里。

最终,讨论自然地转向业务话题。简打断了谈话,问凯瑟琳:"我们是不是跑题了?"

---

① 卡梅尔是加州蒙特利半岛一个精致的海滨度假小镇。——译者注

凯瑟琳摇了摇头,说:"没有,我认为这非常好。我们在谈论个人行为偏好的同时,结合业务运营上的问题,是将讨论付诸实践的好机会。"

尽管凯瑟琳对团队成员之间的互动感到高兴,但她不能忽视这样一个事实:米琪的行为充分表明她无法信任她的团队伙伴。

泳池边的谈话

凯瑟琳在晚上刚过10点的时候宣布会议结束,除了简和尼克在讨论临时预算,其他人都回房间休息了。米琪和凯瑟琳的房间在游泳池附近,回房间的路上,凯瑟琳决定看看用一对一的方式能否取得一些进展。

"你还好吗?"凯瑟琳小心翼翼地问,不想显得太过刻意或者婆婆妈妈。

"我很好。"但米琪掩饰得不是很好。

"我知道这是一个艰难的过程,你可能觉得他们对你有一点点苛刻。"

"一点点?你知道吗,我在家里时,从不会允许别人取笑我,我当然也不希望有人在工作中这样对我。这帮人根本不知道如何让一家公司成功!"

凯瑟琳几乎被这漫无边际的回应弄糊涂了。过了一会儿,她才说:"好吧,明天我们可以谈谈这个。我认为他们需要听听你的想法。"

"哦，明天我什么话都不会说的。"

凯瑟琳提醒自己不必过度解读米琪的话，她认为米琪只是在宣泄情绪。"我想明天早上你应该会感觉好些。"

"不，我说真的，他们不会把我的话听进去。"

凯瑟琳决定暂时不再深究这个话题。正好走到了房间门口，她对米琪说："好吧，睡个好觉。"

"呵呵，希望可以。"米琪冷笑了一声，结束了谈话。

人际关系和团队行为

第二天早上米琪到达会议室时，只有凯瑟琳和简在。米琪看上去热情洋溢，貌似丝毫没有受到前一天事件的影响，这对凯瑟琳来说是一个惊喜。

人到齐以后，凯瑟琳用简化版的前一天的开场白，开启了第二天的会议。

"各位，在开始今天的会议之前，我们需要再明确一下我们来这里的目的。和竞争对手相比，我们有更多的现金、更有经验的高管、更好的技术和更广的人脉。然而，至少还有两家公司在市场上领先于我们。我们的任务是提高收入、盈利能力、客户获取及留存率，甚至满足上市的条件。但如果我们不能像一个团队一样运转起来，这一切都不会发生。"

第 2 章　点燃团队希望之火

凯瑟琳停顿了一下，因为她惊讶地发现她的下属们听得那么认真，犹如第一次听到这些话一样。于是她问："有什么问题吗？"

有好几个团队成员摇了摇头，而不是毫无反应地坐在那里，好似在说：没问题，让我们开始吧。至少凯瑟琳是这么解读的。

在接下来的时间里，大家一起回顾了前一天他们已经涉及的内容。大概一小时后，马丁和尼克似乎有点儿失去兴趣了，显得有些不耐烦。JR 随着他的手机一次次从振动变成未接来电，也变得越发心烦意乱。

凯瑟琳决定先安抚他们焦躁的情绪，避免他们私下里抱怨。"我知道你们可能都开始感到疑惑：'这和我们昨天做的不是一样的吗？'我也知道这样的重复会令人感到乏味。但是，除非我们能彻底理解这些理念是如何起作用的，否则它们很难持久发挥作用。"

于是大家又花了一个小时，讨论了各自的行为风格倾向可能造成的影响，以及会给团队带来的机遇和挑战。米琪很少发言，每当她开口，讨论的进程似乎都会明显地慢下来。马丁说得也很少，但似乎很专心，仍然跟得上讨论的节奏。

到上午 10 点左右，他们完成了个人行为风格和团队行为模式的回顾。接着，在离午餐不到一个小时的时候，凯瑟琳决定进行当天最重要的一项练习。她后来回忆说，这项练习无论是对米琪还是团队其他成员来说，都是一个关键时刻。

自我揭短

"记住,团队协作都是从建立信任开始的。"凯瑟琳走到白板前,解释道,"而要做到这一点,唯一的途径就是要克服我们自身对自我保护的需要。"她在白板上"缺乏信任"的旁边写下了"自我保护"这个词(见图2)。

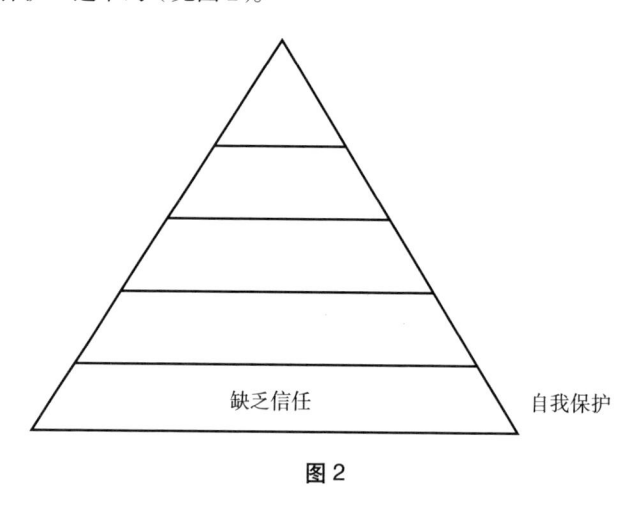

```
        /\
       /  \
      /----\
     /      \
    /--------\
   /          \
  /------------\
 /              \
/----------------\
   缺乏信任      自我保护
```

图 2

凯瑟琳继续说:"因此,今天上午,我们将以一种风险低又有意义的方式,展示一下自己脆弱的一面。"

然后,她要求每个人花5分钟时间来确定:从对决策科技公司的成败所起的作用的角度,他们认为自己最大的优点和最大的缺点分别是什么。"我不希望你们和我说一些泛泛的缺点,当然也不希望你们因谦虚或不好意思而搪塞,无法说出自己的强项——你真正擅长的是什么。希望大家严肃认真地对待这个简单的练习,并愿意最直接地展现出来。"

看到大家差不多都停止记录后,作为领导者的凯瑟琳率先开始分享。"好,我先来。"她瞟了一眼自己的笔记,"我认为我最大的优点,至少是对我们的成功影响最大的优点,是我能够透过现象看本质。我总能忽略不必要的细节,直击问题的核心,这应该会为我们节省很多时间。"

她停顿了一下,接着说:"我的缺点是,我不是个演讲达人,其实我非常不擅长公众演讲。每当面对一群人,特别是面对电视镜头时,我完全不是一位富有天分或技巧的演讲者。这就导致我容易忽视公共关系的重要性。要实现我们所希望达成的一切,我就需要得到这方面的帮助。"

除了 JR 和米琪,每个人都在凯瑟琳发言时做了记录。对此,凯瑟琳很欣慰。

"我讲完了,谁想接着分享?"

没有人会立刻自告奋勇,每个人都在左顾右盼——有人期待其他同事会毛遂自荐,还有人似乎跃跃欲试。

最终,尼克打破了僵局。"我来吧,让我看看啊。"他快速扫了一眼笔记,"我最大的优点是,我从不打怵与外部公司谈判或打交道。无论对方是合作伙伴、供应商还是竞争对手,我都可以轻松地迫使对方做出超出他们预期的让步。但我最大的缺点就是有时候给别人的印象有些傲慢自大。"

几个同事有些拘谨地笑了。

尼克也笑了，继续说道："是的，我上大学时就有这个问题，当然也许更早。有时候我很刻薄，甚至有些无礼，会给人留下自诩比所有人都聪明的印象。如果是对待供应商，这也许还没问题，但如果是对你们各位有这种表现，就可能多少会惹恼你们，我觉得这对实现我们的目标没有任何帮助。"

杰夫评论道："你的优点和缺点听着像是一回事啊。"

让大家深感意外的是，马丁居然发言表示同意："通常情况下不都是这样吗？"

大家纷纷点头。

尼克言谈中显露的坦诚和其他团队成员乐于给出反馈的现象，给凯瑟琳留下了深刻印象。她很高兴尼克第一个挺身而出。

"太好了，这正是我想听到的。下一个谁来？"

简主动发言，谈到自己的优点在于管理能力和关注细节，大家立刻表示赞同。接着，她承认作为一家初创公司的首席财务官，自己过于保守了。她解释说，这是她在大公司里所接受的训练使然，同时也是担心她的同事们对费用管控不够重视。"即便如此，我这么严格地管控，让大家总是在我这一步受阻，可能确实让你们为难了。"

卡洛斯让她放心，大家会按她的要求多多配合。

接下来是杰夫。他勉为其难地说，自己的优点是超强的社交能力，以及和投资人、合伙人建立伙伴关系的能力。

但是，简没有任由他自谦。她说："得了吧，杰夫，我们做过的最棒的一件事就是筹集了大笔资金，并让投资人对公司充满信心。你不能对自己在其中发挥的作用这样轻描淡写呀。"

杰夫勉强接受了她善意的指责，紧接着说出的缺点却是大家都没有想到的："我非常害怕失败。因此，我常常过于精心地安排事情，并亲力亲为。我不愿意指挥别人做什么，可讽刺的是，这只会让我遭受更多的失败。"

有一瞬间，杰夫的情绪似乎有些激动，但他马上恢复了平静，并觉得没人会注意到他这一瞬间的异常。"我认为这一点很可能是我们没有获得成效的最大原因，也是我不能再做 CEO 的原因。"他停顿了一下，然后迅速补充道，"我觉得不做 CEO 没什么，真的。其实，我很高兴能卸下那份责任。"

大家都报以鼓励的微笑。

凯瑟琳简直不敢相信，前三个站出来的人居然表现得这么好。一时之间，她开始燃起希望的小火苗，希望这一势头能一直延续下去，那么今天将是获得巨大成功的一天。紧接着发言的是米琪。

"那，下一个我来吧。"与前几个发言者不同，米琪几乎全程都看着她的笔记发言，"我最大的优点是我对高科技市场的了解，还有我知道怎样与分析师和媒体沟通。我最大的缺点是财务能力差。"

会议室里一片寂静，没有评论，没有提问，什么都没有。

和凯瑟琳一样，房间里的大多数人都在两种情绪之间左右为难：既庆幸米琪总算说完了，又对她敷衍了事的发言感到失望。那一刻，凯瑟琳觉得，强迫这位主管市场营销的副总裁展露更多的脆弱面并不合适。米琪必须自己愿意展露才行。

时间一分一秒地过去，大家都在暗暗祈祷有人能打破沉默，卡洛斯站出来拯救了大家。

"那么，下一个我来吧。"卡洛斯尽最大努力，想把谈话的质量恢复到更高的水平，他说自己的优点是做事彻底，而缺点是不与人沟通进度。

他刚讲完，简就插话说："卡洛斯，我觉得你这两个表述都没说到位。"凯瑟琳并不知道卡洛斯和简的关系非常好，所以对简的直言不讳感到很惊讶。

简继续说："首先，你的确做事彻底，心甘情愿去做繁杂的收尾工作且从不抱怨，这些才是你的优点。我知道，这么说会令人不快，但如果不是你一直跟在大家后面擦屁股，我真不知道我们会怎么样。"团队中好几个人表示认同。"至于不足，我认为，你可以多跟我们说说你在会议上的想法。你有太多话并没有说出来。"

其他人都想听听卡洛斯会如何回应，但他只是点了点头，一边做记录一边说："好的。"

JR自告奋勇接着发言："很明显，我最大的优点就是做事彻底和关注细节。"这句话惹得全场哄堂大笑。"说正经的，我很善于和客户建立牢固的人际关系，其实在这方面我比较在行。"每个人都意识得到，JR太过谦了。"至于缺点，如果我认为某件事情不是特别重要，这通常意味着我不会善始善终，有时候我会'放鸽子'。"

"仅仅是有时候吗？"尼克问道，大家又一次哄堂大笑。

JR脸红了，他说："我明白，我明白，我总是没法按期完成该做的工作，我也不知道为什么，但我知道这对团队产生了不良影响。"

马丁是最后发言的高管。

"下一个到我了。"他深吸了一口气，说，"我讨厌用这样的方式谈论自己，但如果非要说，我想说我的优点是善于分析问题、解决问题——诸如此类。缺点是不善于与人沟通。"他停了停，接着说："我的意思是，并非我不会沟通，而是我真的更喜欢就事论事。我喜欢与他人进行纯智力层面的交流，这样就不必担心他们的感受或类似的事情。你们觉得这说得通吗？"

"当然说得通，"杰夫决定冒险，"问题在于，有时候那会让人觉得你不喜欢他们，认为他们是在浪费你的时间。"

马丁显然对杰夫的话感到很失望。"不是的，完全不是这样。我是说，那不是我的本意。真是胡扯。这实在是糟透了。尽管我完全不是那个意思，但我现在能理解我的沟通方式会给人留下怎样的印象了。真不知道该如何改变这种情况。"

整个上午，米琪笑着第一次插话："朋友，那需要长期的心理治疗啊。即便如此，也未必能改变什么。你就是个自大狂。但是话又说回来了，硅谷的首席技术官不都是这样吗？"

说完，米琪大笑起来。除了马丁，其他人都没有笑，而他的笑不过是故作幽默，来掩饰米琪的话语带给他的难堪。其实他心里很不好受。

凯瑟琳后来非常自责当时没有斥责米琪不当的言论。她曾把一切都归因于米琪惊人的低情商。现在凯瑟琳明白，无论什么原因，米琪的行为对团队其他成员都产生了非常现实的影响。

自我与集体

短暂休息后，大家返回座位，凯瑟琳宣布改变讨论方向。"各位，我们将直接转至最后一大团队机能障碍。但在接下来的一个月里，我们将许多许多次地重温有关'惧怕暴露脆弱'的话题以及信任的必要性。如果有人对此并不期待，你最好有个心理准备。"

每个人都觉得这番话是对米琪讲的，任谁也没想到，团队里其实还有一位成员和米琪一样在苦苦挣扎。

为了描述下一个机能障碍，凯瑟琳走到白板前，在三角形最上面的区域填入四个字：忽视成果（见图3）。

"现在大家来看看图形的最上面，我们来探讨最后一个障碍：团队成员倾向于寻求个人被认同和被重视，而牺牲了成果。这里的'成果'是指集体成果——整个团队的目标。"

第 2 章 点燃团队希望之火

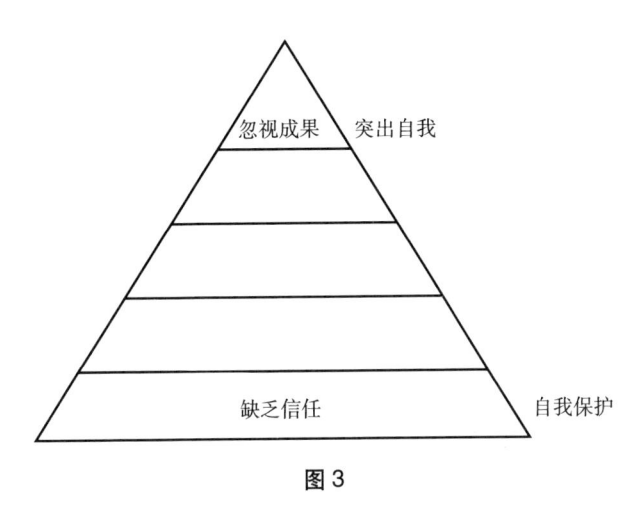

```
        /\
       /  \
      /忽视成果\突出自我
     /--------\
    /          \
   /------------\
  /              \
 /----------------\
/缺乏信任      自我保护\
--------------------
```

图 3

尼克问:"这是不是和人们的自我有关?"

"是的,我想,在一定程度上与它有关,"凯瑟琳同意,"但并不是说团队中不允许存在自我,关键是要让集体自我大于个体自我。"

"我不太明白这和成果有什么关系。"杰夫说。

"意思是,当每个人都聚焦于取得成果,并用成果来定义成功时,个人自我就不难控制。无论团队中的个体觉得自己有多重要,如果团队失败了,团队里的每个人就都是失败者。"

凯瑟琳看出,有几个下属并没有被完全说服,于是她另辟蹊径。"昨天我和你们说过,我丈夫是一名篮球教练,在圣马特奥市的圣犹达高中。"

"他是一位非常棒的篮球教练,我上高中的时候就知道他,"尼克解释说,"听说他不断收到大学校队的工作邀请,但他都回绝了。他绝对是一个传奇人物。"

凯瑟琳为丈夫感到骄傲，也很喜欢尼克对她丈夫的评价。"是的，我觉得他是一个不同寻常的人，而且他的确很擅长带球队。不管怎样，球队就是他的全部。虽然他带的球队都不错，但球队里的孩子却很少因此进入知名大学的校队，坦率地说，他们并非都那么有天赋。他们之所以能获胜，只是因为他们参与的是团队项目，这通常能让他们打败身体更壮、速度更快、更有才华的球员所组成的球队。"

尼克不住地点头，因为他自己确实曾多次输给圣犹达队。

"每隔一段时间，肯，也就是我丈夫，就会在他的球队中遇到一个不在乎成果的球员，至少是不在乎团队成果。我记得几年前有个孩子只对自己的统计数据和能否获得个人认同感兴趣：自己能成为全美联盟球员，照片能上报纸，诸如此类。如果球队输了，只要他的个人技术数据好，他的心情就会很好。如果他没有获得足够的分数，即使球队赢了，他也会不高兴。"

简好奇地问："那你丈夫是怎么对他的？"

凯瑟琳笑了，热切地想告诉他们更多关于肯的事。"这是一件有趣的事。毫无疑问，这个孩子是队里极有天赋的球员之一，但肯让他坐了冷板凳。球队在没有他的情况下表现得更好，他最终退出了。"

"这也太严厉了。"JR 评论道。

"是的，但第二年，他带着截然相反的态度回来了，高中毕业后接着效力于圣玛丽学院的球队。他现在会告诉你，那是他一生中最重要的一年。"

简还是很好奇，她问道："你认为大多数像他这样的人能改吗？"

凯瑟琳毫不犹豫地回答："不能。像这样的孩子十有八九改不了。"大伙儿似乎被这么肯定的回答镇住了，不止一个人在那一刻想到了米琪。"尽管这听起来很残酷，但肯总说他的工作是尽可能打造最好的球队，而不是培养职业球员。我也是这样看待我的工作的。"

此时，杰夫问了大家一个问题："你们当中有人在高中或大学时参加过团体运动项目吗？"

凯瑟琳本想阻止杰夫的"民意调查"，让讨论继续朝她设计的方向发展，但又想到，只要与团队协作有关，即兴讨论对团队来说可能同样有价值。

杰夫问了一圈，好让每个人都有机会回答。

尼克说他大学期间打过篮球，卡洛斯说他上高中时是橄榄球队的中后卫。

马丁骄傲地宣布："我踢过英式足球，最原始的那种。"大家都朝这位欧洲同事咯咯地笑了。

米琪说她高中时参加过田径比赛。

尼克质疑道："但那是个人的……"米琪打断他，自作聪明地说："我参加的是接力赛。"

凯瑟琳曾经是一名排球运动员。

简说她是啦啦队队长，也是舞蹈队队员。"如果有人胆敢说这些不算团队，我就把他的预算削减一半。"

所有人都哈哈大笑起来。

杰夫承认自己缺少运动天赋："你们看，我始终不明白，为什么每个人都认为体育运动是学习团队协作的唯一途径。我从小就不怎么运动，但我在高中和大学的时候在一支乐队里，我想我从中也领悟了不少团队的真谛。"

凯瑟琳看到了一个重新抓住讨论节奏的机会。"啊哈，这是个好想法。你们肯定能够从很多不同的活动中学习团队协作，几乎任何涉及一群人一起工作的活动都可以。但是，人们在谈到团队协作时，首先会想到体育运动，这是有原因的。"凯瑟琳曾经当过七年级老师，此刻她当老师的感觉突然出现了，她想给这些"学生"机会来回答这个问题。"有谁知道是什么原因吗？"

和许多次在教室中出现的情形一样，"同学们"似乎毫无头绪，但凯瑟琳知道只要她能容忍片刻的沉默，很快就会有人想出答案。这次是马丁想到了。

"比分。"像往常一样，马丁的回答没有任何上下文。

"解释一下。"凯瑟琳命令道，就像对她的学生那样。

"大部分体育运动到比赛结束时，都会有一个明确的比分来决定输赢。几乎没有任何模棱两可，这也就意味着几乎不会留任何余地给……"他停顿一下，寻找合适的用词，"……主观的、可解释的、自以为是的胜利,你们都明白我说的意思吧。"

会议室里的人都点头表示理解。

"等一下,"JR强烈地要求道,"你是说,运动员没有自我价值感吗?"

马丁看起来有些不知所措,于是凯瑟琳插话道:"他们有非常强烈的自我价值感,但是优秀运动员的自我通常会与一个明确的成果联系在一起——获胜。他们只想获胜,而不仅仅是为了入选全明星阵容,不仅仅是为了把他们的照片印在代言麦片的包装盒上,也不仅仅是为了赚钱。"

"我不确定现在还有多少这样的团队,至少在职业体育中怕是没有了。"尼克说。

凯瑟琳笑了,她说:"这就是美妙之处。把这件事想明白了的团队,拥有比以往任何时候都大的优势,因为他们的大多数竞争对手只是一小撮寻求个人表现的散兵游勇。"

米琪觉得这个话题有点儿无聊:"可这和软件公司有什么关系呢?"

她再一次让热烈的讨论戛然而止。尽管凯瑟琳已经开始怀疑米琪发生转变的可能性,但她还是想尽一切办法鼓励米琪:"又是一个好问题。这跟我们有很大关系。你们看,我们要让集体成果像足球赛场上的比分一样重要。我们对成功的定义不应该留下任何可解释的空间,因为那只会为个人的自我创造可乘之机。"

"我们不是已经有计分板了吗?"米琪坚持说。

"你说的是利润?"凯瑟琳问道。

米琪点头,做了个鬼脸,好像在说:难道还有别的吗?

凯瑟琳耐心地解释道:"当然,利润是成果中很重要的一部分,但我指的更多的是短期成果。如果你把利润当作衡量成果的唯一指标,那你只有在赛季快要结束的时候,才会知道团队做得如何。"

"现在我也糊涂了,"卡洛斯承认,"难道利润不是唯一重要的比分吗?"

凯瑟琳笑了,接着说:"看来,我有点儿太学术化了,所以我还是简单地说吧。我们的任务是,让这个房间里的每个人都非常清楚我们必须实现的成果是什么,以至于没有人会仅仅为了提高自己的个人地位或展示自我而去做一些事情。因为那将削弱我们实现共同目标的能力,最终我们都会输。"

大家似乎稍微有些开窍了,于是凯瑟琳继续推进:"要诀,当然是定义我们的目标和成果,只是要以一种简单易懂、具体可操作的方式来定义。用利润来定义我们的目标虽然简单易懂,但可操作性不够。我们定义的短期目标,需要与我们的日常工作更紧密地联系起来。为了达到这个目的,我们要看看现在能否讨论出一些结论。"

工作目标

接下来,凯瑟琳将大家分成不同的小组,每组两三个人,并

第 2 章 点燃团队希望之火

要求每个小组提出一份可以作为团队计分板的成果列表。"现在不需要量化，列出类别即可。"

在一小时内，这群人已经列出了至少 15 种不同的类别。经过合并与排除，他们将这些类别缩减为 7 个：收入、费用、新客户开发、客户满意度、员工留任、市场知名度和产品品质。他们还决定，每个月考核一次这些类别的成果，因为等整整一个季度过去了才知道结果，就错失了发现问题和及时改变行动计划的机会。

不幸的是，由于话题转回到业务，房间里原本轻松的氛围似乎消失了。跟往常一样，它被批判声取代。

马丁开始了。"凯瑟琳，很抱歉，但这没什么新颖的。这都是我们过去 9 个月里一直使用的指标。"

好像凯瑟琳的可信度就在他们眼前逐渐下降。

JR 帮腔道："是啊，讨论这些也不能帮我们增加收入。坦率地说，如果我们不尽快完成几笔交易，我不确定做这些有什么意义。"

凯瑟琳对这样的反应早有预料，因此差点儿被逗乐了。一旦谈到实际的业务问题，此前让团队陷入困境时的行为就会重现。不过，她已经为此准备好了下一步。

"那好，马丁，你能告诉我上一季度我们的市场知名度目标是什么吗？"

米琪纠正她的老板："我们称之为公关活动。"

"好的，没问题。"凯瑟琳又转向马丁，说，"你能确切地告诉我，我们的公关目标是什么吗？"

"不能，但我确信米琪可以。不过，我可以告诉你我们的产品发布日期。"

"现在你只需要告诉我，我们在公关活动方面做得如何？"她再一次把问题抛给了马丁，摆明了他应该知道答案。

马丁看起来很困惑，答道："见鬼，我真的不知道。我猜，杰夫和米琪谈论过这些。但就我们的销售数据来看，我认为我们做得并不好。"

米琪出奇镇静，而这只会让她随后的一番话更加令人不舒服。"你们看，我每周开会都带着我的公关活动资料，可是从来没有人问过我。再说，如果我们什么都卖不出去，我是没办法让媒体关注我们的。"

尽管JR应该对这句话比任何人都敏感，但马丁率先跳了出来，讽刺地说："太搞笑了。我一直以为市场营销活动的目的是推动销售。我怎么觉得现在反过来了。"

米琪仿佛没听见马丁的话，继续为自己辩护："我可以告诉你，我们面临的问题不是因为市场营销产生的。事实上，按照职能分工，我认为我的部门已经做得相当好了。"

卡洛斯想说，整个公司都在走下坡路，你的部门怎么可能会做得很好！况且，如果公司失败了，那么我们都会失败，你怎么还在为自己部门的绩效辩解……但他不想再给米琪更大的压力，因为他觉得他的这位同事可能会在压力下突然崩溃,所以就任它去吧。

有那么一刻,在场的每个人都很沮丧,凯瑟琳确信接下来一定会发生一场混战。没想到,谈话戛然而止——结束了。

观察完团队的冲突过程,凯瑟琳心里有谱了。

办公室政治

凯瑟琳提醒自己,不能失去刚刚涌起的势头。

"各位,我想我看出表象下的潜在问题了。"

杰夫微笑着调侃道:"真的吗?"

凯瑟琳也笑了,说:"我有敏锐的洞察力,还记得吧?总之,当说到聚焦成果而不是获得个人认同时,我指的是团队所有的人都奔着同一个共同目标,采用同一套衡量标准,并且在日常工作中以此为依据来做出集体决策。"

鉴于人们都有一些观念根深蒂固,凯瑟琳决定重新转向以提问为主的方式。

"在一个季度中,为了确保实现亟待达成的目标,你们多久讨论一次跨部门的资源调配问题?"

他们脸上的表情写着:从来没有。

"还有,你们有没有严格地审查达成目标的各个细节,有没有深入探讨过达成或者没达成目标的原因?"其实她早已知道答案,毕竟已多次观察他们的会议。

杰夫解释道："我不得不说，我一直认为，米琪的工作是做市场营销，马丁的工作是开发产品，JR 的任务是销售。只要有可能，我都会参与其中，但他们只需对各自的业务领域负责。只要有机会，我都会一对一处理他们的问题。"

凯瑟琳回到体育比赛的类比上，希望这样能让他们理解得更透彻。

"好吧，设想一下，一名篮球教练在中场休息时出现在球员休息室。他把球队的中锋叫到他的办公室，一对一地和他讨论了上半场的情况，然后分别对控球后卫、得分后卫、小前锋和大前锋做了同样的事情，没有人知道教练跟其他人谈了些什么。那不是一个团队，它只是多个个体的集合体。"

房间里的每个人都很清楚，这就是决策科技公司高管层的写照。

凯瑟琳难以置信地笑了，好像在说：真不敢相信，我还得跟你们说这个。接着，她更有耐心地解释道："你们所有人，在座的每一个人，都要负责销售，而不只是 JR；你们所有人，都要负责市场营销，而不仅仅是米琪；你们所有人都要负责产品开发、客户服务和财务管理。我说明白了吗？"

面对凯瑟琳简单而真诚的询问，大家觉察到团队里存在的明显问题，此前一天半的时间里都没破灭的些许幻想，现在似乎都破灭了。

尼克再也忍不住了，摇了摇头，说道："你知道，我只是在想，坐在这里的人是不是最合适的。也许我们需要更多重量级高手，他们能帮助我们找到合适的客户，并发展出合适的战略伙伴关系。"

JR 很不高兴销售部门被这样攻击。但和往常一样，他没有回应。

凯瑟琳没有沉默，而是问："各位有没有看过竞争对手的网站？"有几个人点头，但不知道她指的是什么。"你们了解经营这些公司的人的业绩记录吗？"大家一脸茫然。"没错，他们的团队里也没有重量级高手，那为什么他们比你们做得好呢？"

杰夫不冷不热地解释道："你看，葡萄园在线（Wired Vineyard）公司一开始就和惠普公司建立了合作伙伴关系，而电子机车（Telecart）目前大部分的收入来自专业服务。"

凯瑟琳似乎并不满意这个解释，她问道："还有呢？是什么阻止你们像他们那样同惠普建立合作伙伴关系，或者调整你们的商业计划呢？"

简举起手示意要发言，不等凯瑟琳同意便道："凯瑟琳，别误会啊。但是你能不能说'我们'或'咱们'，而不是'你们'？你是 CEO，现在是我们团队的一员啊。"

会议室里瞬间安静下来，等着看凯瑟琳如何回应这个尖锐的批评。凯瑟琳低头看着自己的腿，好像是在努力思考该如何回答，过了一会儿，她抬起头来说："简，你说得没错，我不是这里的顾问。非常感谢你能提醒我。然而我现在并不觉得自己是这个团队的一分子。"

"我和你的感觉一样。"简的回应让大家措手不及。

"你这话是什么意思？"尼克问。

"我不知道你们各位是怎么想的，但我觉得我跟财务之外的事情没什么关系。有时候我觉得自己就像个顾问。在我工作过的其他公司，我总是更多地参与销售和运营，而现在我感觉自己被封闭在自己的领域里。"

卡洛斯同意简的观点："是的，在开高管会议时，我们的目标似乎并不一致。我感觉我们都在为自己的部门游说，想争取更多的资源，或者尽量避免涉足各自领域之外的任何事务。"

任谁都很难反驳卡洛斯的逻辑。于是，他继续说道："还有，各位认为我是服务志愿者的表率，但是在我工作过的大多数公司里，每个人都是这样工作的。"

凯瑟琳看到团队中的一些人有所突破，感到如释重负，这也是为什么她对自己接下来的话所引发的反应备感意外。"我们这里的办公室政治令人震惊，这是因为每个人对团队目标的认知过于模糊，从而很容易将注意力聚焦于个人成功。"

尼克此刻皱起了眉头说："等一下，我承认，在硅谷，我们不算最健康的高管团队，但是你说我们搞办公室政治，不觉得这有点儿过分了吗？"

"不，我认为这是我见过的最会搞办公室政治的公司之一。"话刚一出口，凯瑟琳就意识到自己也许本可以说得委婉一些。她立刻就感觉到在场的人开始联合起来，对她的严厉批评表达不满。

甚至连杰夫也提出异议："凯瑟琳，我不明白。这也许是因为你没有在高科技公司工作过。我曾经在几家办公室政治非常严重的公司工作，我不认为我们糟糕到那种程度。"

凯瑟琳本想回应他，但还是决定先让其他人尽情发表意见。

尼克火力全开："根据我从其他公司高管那里了解到的情况来看，我认为我们还算可以。记住，我们身处一个竞争激烈的市场。"

就像闻到血腥味而进入攻击状态的鲨鱼，米琪也乘机加入批评者的行列："我同意。我认为，你是在一个不同寻常的时期加入公司的，仅仅加入几周就发表这样的言论，太过草率了。"尽管她的同事并不同意如此尖刻的言论，但米琪知道，他们不会在这个问题上挑战她，否则就会浪费一个在新老板面前重新获得一点儿优势的机会。

凯瑟琳一直等到没有更多意见了才开口："如果我刚才的言论听起来很轻率，那我很抱歉。你们说得没错，我没有在高科技公司工作过，因此我的参照点可能失之偏颇。"在继续往下说之前，她先让大家充分理解了她的歉意，并确保自己不会以"但是"作为下一个句子的开头。"同时，我当然不想给你们一种居高临下的感觉，因为这并不能帮助我们达成目标。"

凯瑟琳感觉到团队的几个成员（简、卡洛斯和杰夫）接受了她的说法，这在她的预料之中。

她继续说道:"与此同时,我不想低估我们目前严峻的处境。我们的问题很严重,而且我仔细观察过这家公司,这里的办公室政治确实存在,并且盛行。"尽管她很有风度地接受了大家的质疑,但凯瑟琳是不会打退堂鼓的。"而且说实话,我宁愿夸大这个问题,也不愿意轻视它。但这仅仅是为了团队的利益,而不是为了满足我个人。这一点,我可以向你们保证。"

鉴于凯瑟琳在过去的一天半里始终如一的行为,以及她发表言论时所表现出的自信,在场的大多数人似乎都相信她是真诚的。

尼克皱起眉头,凯瑟琳看不出他是生气还是困惑。其实他是困惑。尼克说:"或许你应该确切地告诉我们,你所说的办公室政治究竟是什么意思。"

凯瑟琳只想了一会儿就给出了回答,就像在背诵课本上的定义一样。"办公室政治是指人们的言行是为了迎合他人的反应,而不是在表达自己的真实意愿。"

房间里一片寂静。

马丁一如既往的严肃,但他的话打破了房间里紧张的气氛。"按照这个定义,我们肯定是在搞办公室政治。"尽管他并没打算开玩笑,但卡洛斯和简还是大声笑了起来。杰夫微微一笑,然后点了点头。

尽管凯瑟琳提出的观点很有说服力,但她能看出这群人依然是在努力判断,到底是接受她的观点,还是抨击她的观点。事情马上就会变得明朗,迎接她的将是一场抨击。

反击

令凯瑟琳非常惊讶,这次挑战她的居然是JR,而且态度非常不友好。"抱歉,但是你该不是打算让我们等上三周才揭晓其他的机能障碍吧?难道你就不能直接告诉我们它们到底都是什么,这样我们就能弄清楚哪儿不行,然后去改,不是吗?"

从表面上看,这些话听起来并没有什么冒犯之意。如果是出于真正的好奇心,这样的提问甚至可能是一种恭维。但是,从提问的语气,再加上提这个问题的人一向温和的性格来看,这是高管外出会议迄今为止最刺耳的评论了。

如果凯瑟琳是一位缺乏自信的高管,她就会被这样的话镇住。有那么一刻,凯瑟琳几乎对自己失望了,她觉得自己营造的善意这么快就要消散了。不过她意识到,为了在这个团体内唤起实质性的改变,这正是她所需要的——坦诚的对抗。

尽管凯瑟琳非常想坚持自己的计划,逐步揭开这个简单模型的神秘面纱,她还是决定接受JR的建议:"没问题,现在我们就来展示其他三大机能障碍。"

五大障碍

凯瑟琳走向白板,准备填写倒数第二个区域。这时,她问了大家一个问题:"你们为什么认为信任那么重要?不信任会如何？"

沉默了几秒后，简试图帮助凯瑟琳解围："士气低，效率低。"

"这太笼统了，至于为什么信任是必需的，我想找出一个非常具体的原因。"

似乎没有人准备回答，于是凯瑟琳很快公布了答案，她在"缺乏信任"上边一格填写了"惧怕冲突"（见图4）。

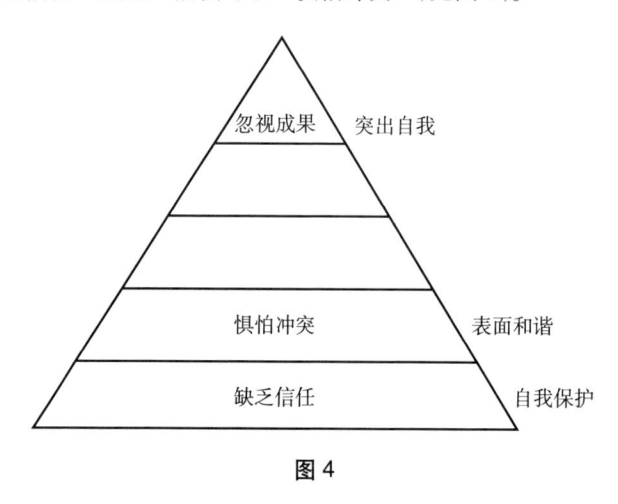

```
          /\
         /  \
        /忽视成果\ 突出自我
       /--------\
      /          \
     /            \
    /--------------\
   /   惧怕冲突     \ 表面和谐
  /------------------\
 /    缺乏信任        \ 自我保护
/----------------------\
```

图 4

"如果我们彼此不信任，那么我们就不会引发公开的、具有建设性的思想冲突。我们只是继续维持一种表面和谐。"

尼克反驳道："但是我们的冲突似乎够多了。我宁愿更多一些和谐。"

凯瑟琳摇摇头道："不是这样的，你们是关系紧张，而不是建设性冲突。消极、讽刺的言论并不是我所说的那种冲突。"

卡洛斯加入了辩论:"可是,和谐怎么也会成为一个问题呢?"

"和谐本身不是问题,问题在于没有冲突。如果和谐是解决问题和冲突之间不断循环往复的结果,那当然是好事。但是如果和谐只是人们隐瞒各自的观点和顾虑的结果,那就是坏事了。任何时候,我都宁愿不要这种虚假和谐,更希望团队能够就某个问题进行有效的争论,然后不留任何遗憾和怨气地结束。"

卡洛斯接受了这个解释。

凯瑟琳想碰碰运气。"在观察过多次高管会议之后,我可以很有把握地说,你们争论的效果并不好。有时候,你们的懊恼会以不易察觉的方式流露,但大多数时候,它被压在心底,随时会爆发,我说得对吗?"

马丁没有回应凯瑟琳似问似答的问题,也没有给她一点点满足感,反而攻击道:"就算我们增加更多争论,我也不认为这就会让我们更高效。如果有什么不同,那只会浪费我们更多时间。"

米琪和JR在点头,凯瑟琳正准备反击,但简和卡洛斯替她出头了。

首先是简。"难道你们不觉得,我们不把事情说清楚,同样是在浪费时间吗?IT(信息技术)外包的问题,我们谈论多久了?每次开会,这个问题都会被提出来,总是有人同意、有人反对,于是问题只能搁置在那里,因为没人想惹怒别人。"

卡洛斯带着一种他很少表现出来的自信补充道:"具有讽刺意

味的是,这样恰恰惹怒了所有的人。"

马丁越来越信服,很想了解模型的其余部分。"好吧,那下一个障碍是什么?"这句话听起来似乎是他已经全盘接受凯瑟琳的理论。

凯瑟琳回到白板前。"团队的下一个机能障碍是缺乏承诺,对决策无法认同。"她把"缺乏承诺"写在前一个障碍的上面,"这一障碍的表现就是模棱两可。"她把"模棱两可"写在旁边(见图5)。

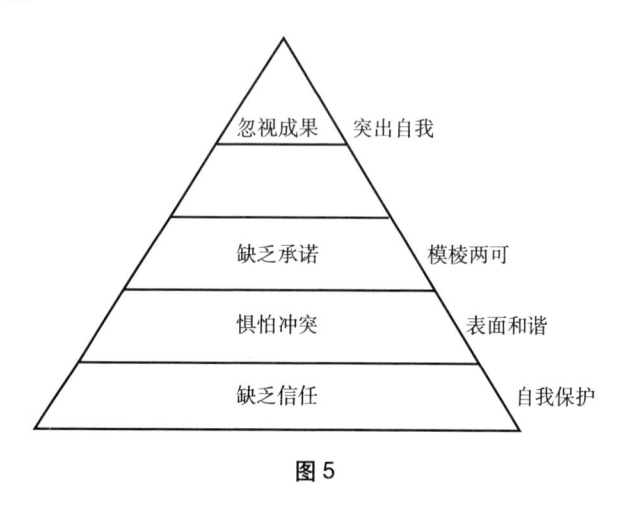

```
            忽视成果  突出自我

            缺乏承诺   模棱两可

            惧怕冲突   表面和谐

            缺乏信任   自我保护
```

图 5

尼克又加入了。"承诺?听起来就像结婚之前我太太会抱怨的那些东西。"大家被他那并不高明的玩笑话逗乐了。

凯瑟琳对这样的反应有所准备。"我所说的承诺是指团队致力于一个计划或决定,并且获得了每个成员对它的明确认同。这就是冲突如此重要的原因。"

像马丁这么聪明的人并不害怕承认自己有困惑:"我没明白。"

凯瑟琳解释道:"道理很简单。如果人们不能充分发表自己的意见,并觉得自己的意见被倾听,那么他们就不会真正投入。"

"如果你要求他们,人们还是会投入的。"尼克反驳道,"我猜你丈夫不会让球员们自己决定是否要做冲刺跑练习。"

凯瑟琳很欢迎这种挑战,她回应道:"是的,他当然不会。但是他会让球员们说出自己不这么做的理由。如果他不赞同——我想,在那种情形里,他肯定不赞同——他也会说明理由,然后安排他们开跑。"

"所以,承诺不是一致同意的意思。"简的声明其实是提出了一个问题。

"天哪,当然不是。"凯瑟琳斩钉截铁地说,听起来她又像个学校老师了,"一致同意,也就是常说的达成共识,是很可怕的。我的意思是,如果每个人的确对某件事情意见一致,并且共识的达成既快速又自然,那简直是棒极了。但是情况通常并非如此,所谓的达成共识会变成企图让每个人都满意。"

"而通常情况是每个人都不满意。"杰夫说这句话时脸上带着痛苦的表情,好像在重温一段不好的回忆。

"没错。这里的关键是,大多数通情达理的人并不需要按照自己的方式进行讨论。他们只是需要有发言的机会,并知道他们的意见得到了考虑和响应。"

"那么，没有承诺会怎么样？"尼克想知道。

"有些团队因为过于追求完全一致又无法辩论出结果而陷入瘫痪。"

JR大声说道："有分歧也要承诺！"（Disagree and commit.）

"再说一说。"凯瑟琳想让JR解释一下这句名言。

"是这样的，在我的上家公司，我们奉行'有分歧也要承诺'。你可以对某事有争论，也可以有不同意见，但仍然承诺全力以赴，就好像每个人原本就全然认同这个决定一样。"

这个解释让杰夫灵光一现，他马上说："噢，我明白冲突的作用了。即使人们普遍乐意做出承诺，他们也不会这么做，因为——"

卡洛斯打断他："——因为他们需要参与辩论，才会真正地认同。"

房间里的人看起来都理解了这个道理。

"最后一个团队障碍是什么？"让大家惊讶的是，提问的人居然是米琪，而且她看起来真的对答案很感兴趣。

凯瑟琳走到白板前，打算在最后一个空白区域填上内容。她还没开始写，马丁就已经打开了笔记本电脑，开始打字。大家都呆住了。凯瑟琳停下动作，看着她的首席技术官，而马丁似乎对房间里新出现的紧张气氛浑然不觉。

然后，他突然反应过来，忙说："哦，那个，我实际上……呃，我真的是在做记录。你们看。"他试图向所有人展示他在屏幕上创建的文档。

马丁急于解释自己的行为，不想违反团队的规则，把大家都逗乐了。凯瑟琳也笑了，对马丁出乎预料的学习热情感到很高兴。"没关系，我们相信你。这次我就不计较了。"

凯瑟琳看了看手表，意识到这群人已经好几个小时没有休息了。"时间不早了，让我们先休息半小时吧，待会儿再完成这部分。"

凯瑟琳分明看出每个人都很扫兴，尽管没有人会承认。这时，JR 大方地说："还是让我们先说完最后一个吧。"然后他幽默地补充道："如果我们不知道它是什么，我认为在座的没人能好好休息。"

JR 的话本来听着有些戏谑，掩盖在幽默之下的是不易察觉但确定无疑的认同感。不论他是在承认自己先前言语的粗鲁，还是认可凯瑟琳解释的正确性，似乎都不重要，重要的是语气本身。

凯瑟琳很乐意按大家的意思做，她最后一次走到白板前，写下"逃避问责"（见图 6）。

她解释道："一旦我们理清了思路并认同它，接下来我们就必须让彼此为承诺要做的事情负责，为高标准的表现和行为负责。听起来很简单，但大多数高管都不愿意这么做，尤其是涉及平级同事间的行为时，因为他们想避免人际关系出现紧张。"

"你这番话到底是什么意思？"杰夫问道。

"我说的是，你明知道必须就某件重要的事情敦促你的平级同事，却决定放任不管，因为你不想体验那种感觉，比如……"她

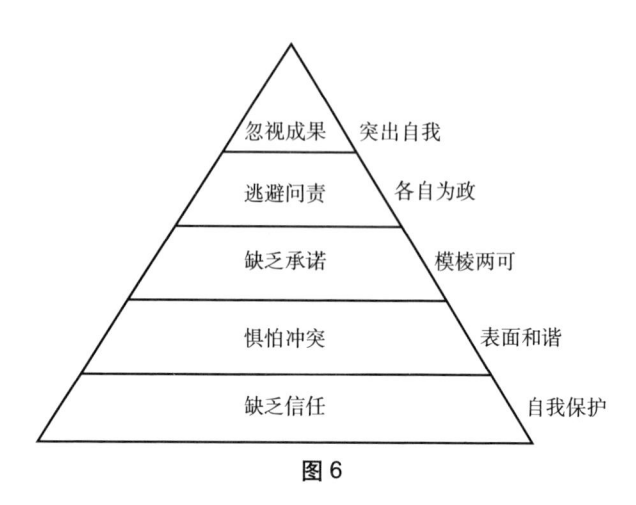

```
        忽视成果    突出自我
       逃避问责     各自为政
      缺乏承诺      模棱两可
     惧怕冲突       表面和谐
    缺乏信任        自我保护
```

图 6

停顿了一下，结果马丁替她把话说完了："……你必须告诉某个人开会期间不要查看电子邮箱。"

"一点儿没错。"凯瑟琳赞赏地笑了。

卡洛斯补充说："我就厌恶这个。我可不想告诉某些人，他们做得实在太差了。我宁愿忍受着，避免……"他试图找到合适的话语描述它。

简替他说完："……人际关系紧张。"

卡洛斯点点头。"是的，真的就是这样。"他停顿了一下，然后继续说，"但是这很奇怪，我对直接下属表明态度就没什么难度。绝大部分情况下，我好像都会对他们问责，即使是个棘手的问题。"

卡洛斯的这番话让凯瑟琳有些兴奋，她说："是啊，面对直接下属的棘手问题，有时以身涉险都很困难，面对自己的平级同事就更困难了。"

"为什么会这样？"杰夫问。

还没等凯瑟琳回答，尼克就代为解释道："那是因为我们之间理应是平等的。我有什么资格告诉马丁怎么做他的工作，或者提醒米琪，或者简？那样的话，感觉就像我在多管闲事。"

凯瑟琳进一步解释道："平级对平级肯定是让团队问责变得困难的原因之一，但还有其他原因。"

所有人看起来都毫无头绪，凯瑟琳正准备回答自己的问题。就在此时，米琪突然兴奋起来，就像刚刚解开了一个谜题。她说："不认同。"（No buy-in.）

"什么？"尼克问。

"不认同。如果人们对同一个计划没有明确表示认同，他们就不会对彼此负责。因为他们会说：'反正我从来没有同意过。'"米琪能有这样的见解让凯瑟琳感到有些惊讶，更令她惊讶的是米琪接下来的话，"这确实很有道理呀。"

大家都面面相觑，仿佛在说："我没听错吧？"

为了不耽误最后一次休息时间，凯瑟琳没有在这一点上深究。

讨论冲突

无论凯瑟琳曾经多少次成功打造和改造团队，她始终无法习惯在这个过程中总会发生的起起伏伏。她常扪心自问：为什么就不能一气呵成呢？

理论上，现在随着米琪和马丁逐渐融入，推进团队协作变得相对容易些了。但凯瑟琳知道，现实通常与理论不符，她还需要付出很多的努力。公司两年来围绕办公室政治形成的行为习惯很难一下子被打破——不管理论多么令人信服，仅靠一次工作坊的效果不可能持久。痛苦而沉重的考验还在后面。

距离第一次外出会议结束还有一些时间。尽管凯瑟琳想早点儿结束会议，让所有人带着较高的心气回到自己的工作岗位，但她又想，那就会浪费宝贵的两个小时。她需要尽快取得尽可能多的进展，以免董事会因看不到明显的成果而让她的努力功亏一篑。

大家休息回来后，凯瑟琳决定发起一场相对有趣的讨论——关于冲突的讨论，希望这个话题能够引起他们持续的兴趣。

"接下来的时间，让我们更多地谈谈冲突。"

听到凯瑟琳要谈这样一个敏感的话题，整个房间的气氛变得有点儿压抑。而凯瑟琳其实一直期待着谈这个主题。

"先来说一说，发生冲突的最重要的场合或场景吧。"

停了一小会儿，尼克试探着答道："会议上？"

"是的，就是在会议上。如果我们无法学会在会议上产生富有成效的思想冲突，我们的感情就完了，分手吧。"

简笑了。

"我说这番话并不是开玩笑。为了实现目标，我们必须具备进行充满激情的、毫无保留的争论的能力，正如我们开发产品或建立伙伴关系一样，这些都将决定我们的未来。"

现在已是傍晚时分，凯瑟琳感觉到大家都有些困倦，她的话似乎完全没有被听进去。她必须想办法让讨论更有趣，才能让他们打起精神来。

"你们当中有多少人宁愿开会，也不愿意看电影？"

没有人举手。

"为什么呢？"

停顿了一下，杰夫意识到凯瑟琳不是在反问，于是回答道："因为电影更有趣，即使是烂片。"

他的同事们都轻声地笑了。

凯瑟琳也笑了笑，她说："没错。但如果你们仔细想一想，就会发现会议至少应该和电影一样有趣才对呀。我儿子威尔在大学学的是电影专业，我从他那里知道，会议和电影有很多共同之处。"

这群人似乎更多的是怀疑，而不是好奇，但这至少暂时提起了他们的兴趣。"你们可以这样想，一部电影的时长从90分钟到两小时不等。会议也差不多是这个时长。"

大家礼貌地点点头。

"然而，会议是互动的，电影则不是。我们不能对银幕上的演员大喊：'别进屋，你这个白痴！'"

大多数人都笑了。他们真的开始认同我了吗？在那一瞬间的不安中，凯瑟琳很想知道答案。

她继续说："更重要的是，电影对我们的生活没有真正的影响，它并不要求我们根据故事的结局采取特定的行动。开会则不同，它既有互动性又有相关性。我们拥有自己的发言权，而讨论结果往往又会对我们的生活产生非常实际的影响。那我们为什么惧怕开会呢？"

没有人回答。凯瑟琳鼓动着他们："说说吧，我们为什么厌恶开会？"

"会议太无聊了。"米琪似乎对自己的这个答案沾沾自喜。

"对。会议很无聊。为什么呢？我们只需要将会议和电影比较一下就知道了。"

现在这群人又开始感兴趣了。

凯瑟琳继续说："无论是动作片、戏剧、喜剧，还是法国艺术片，每一部值得看的电影都有一个必不可少的关键要素。那是什么呢？"

马丁干巴巴地回答道："既然我们谈论的是冲突，那就是冲突呗。"

"是的，我想是我给出了暗示，对吗？每部伟大的电影里都充满了矛盾冲突。没有矛盾冲突，我们也就不在乎电影里人物的命运。"

为了加强效果，凯瑟琳停顿了一下，才说出了下一句台词："我向你们保证，从现在起，我们每一次的高管会议都会充满冲突，会议再也不会无聊。如果没有什么值得争论的，那么我们就不必开会了。"

团队似乎很喜欢这个声明，凯瑟琳想立即践行一下这个承诺。"那么我们现在就开始。"她看了一眼手表说，"距离会议结束还有将近两个小时，要不我们就用这段时间召开第一次实质性的团队决策会。"

尼克一脸严肃地表示反对："凯瑟琳，我认为我做不到。"大家都很意外，等待着他进一步解释。"我没有收到议程表啊。"这句对前 CEO 的善意调侃，让包括杰夫在内的所有人都笑了。

制定工作目标

凯瑟琳丝毫不想浪费时间。"那现在我们就开始开会。本次会议的核心议题是，我们要确立一个我称之为'团队今年的首要目标'的东西。就现在，就在这里，就是今天，我们没有任何理由做不好这件事。谁先发言。"

"这到底是什么意思？"简问道，"类似于一个主题词、一个主旋律？"

"是的。我们需要回答的问题是：从现在到年底，我们的工作重心是什么？"

尼克和 JR 齐声回应："提高市场占有率。"

除了马丁和简，在场的人都点头表示赞同。于是凯瑟琳点了他俩的名，问："你们好像有不同意见，那你们有什么看法呢？"

马丁解释说："我认为应该是改进产品。"

简补充道："我不太确定控制成本算不算我们的当前要务。"

凯瑟琳克制住自己做回应的冲动，问："有人接招吗？"

JR义不容辞地说："我认为，我们的技术不比最大的两个竞争对手差，甚至超过它们。然而，它们具有比我们更大的市场牵引力。如果我们在抢占市场方面落后太多，我们的产品再怎么改进都无济于事。"

马丁微微皱了一下眉说："如果是这样，那么想象一下，我们在产品方面落后了会是什么下场。"

和事佬卡洛斯问道："难道我们不可以多几个首要目标吗？"

凯瑟琳摇摇头道："事事重要，就没有重要之事。"她忍住做进一步解释的冲动，希望团队自己去想明白。

简继续坚持自己的意见："有人能和我说说凭什么控制成本就不能是首要目标吗？"

米琪回应得很快："因为找不到方法去赚钱，光控制花钱有什么用。"尽管米琪的语气很烦人，但这是一句无法否认的大实话，连简也点头表示让步。

凯瑟琳给了一句简短的评语："这是我到目前为止听到的最有成效的对话。请各位继续。"

这句话给了杰夫勇气来表明自己的观点。他迟疑了一下，似乎不想发表长篇大论。"我也不是很清楚。但在这个时间段，市场占有率未必是个好的衡量标准，因为我们甚至都不清楚市场规模和市场发展趋势。"他停了一下，似乎在思考下一步该怎么说，"我认为我们只是需要更多好客户，至于客户数量，比竞争对手多20个还是少20个其实没那么重要。"

米琪插话道："这和提高市场占有率是一回事啊。"

"我不这么认为。"杰夫回应道，语气中并无防御之意。

米琪又翻起了白眼。

尼克可不希望前一天米琪翻白眼事件重演。"听我说，无论我们称之为提高市场占有率还是获得新客户，真的都不重要，我们只是需要实现销售。"

现在凯瑟琳说话了："我认为这个问题确实很重要。JR，你觉得呢？"

"我认为杰夫说得对。如果我们有足够数量的忠实客户——能积极为我们背书的那种，那我们就算是做好了。坦率地说，在这个时间段，我根本不关心竞争对手在做什么，那比其他任何事情都会令我们分心，除非我们实现了正常运转并初具市场规模。"

马丁现在似乎有些恼火，他急着说："听我说，我们每次开会都是这么说来说去。要么是市场占有率和收入大战，要么就是客户留存率和满意度大战。在我看来，这一切好像都是不切实际的空谈。"

凯瑟琳强迫自己沉默了一会儿，整个房间的人都在消化马丁的批评意见。然后她问道："平时那些话题是如何结束的呢？"

马丁耸耸肩，无奈地说："没完没了，时间全浪费了。"

"好吧。那这一次让我们在5分钟内结束这个话题。在座的各位都认为未来9个月的工作重心与提高市场占有率、获得新客户、增加收入等方面相关，对吗？如果有人认为我们的方向完全错了，现在就毫无保留地说出来，要大声。"

大家互相看了看，耸耸肩，好像在说：我想不出比这更好的了。

"很好。那么就让我们结束刚才的讨论。我想听听大家对增加收入的看法。JR，你怎么看？"

"嗯，有人可能主张增加收入，因为我们需要现金流。但坦率地说，我认为在这个时间段，向全世界证明有客户对我们的产品感兴趣才是最重要的。所以，增加收入远没有成交订单并获得新客户重要。"JR只是说服自己放弃了增加收入这个选项，"这说得通吗？"

"对我来说，完全说得通。"凯瑟琳进一步澄清道，"我没有听到任何人说收入是我们最重要的目标。"

简侧身看了凯瑟琳一眼，大声说："你是说我们不需要有收入目标吗？"

"不。我们当然会有一个收入目标，只是当前增加收入并不是衡量我们成功的最终标准。我们已经把范围缩小到市场占有率和获得新客户了，有人能告诉我，为什么市场占有率是正确答案吗？米琪说说。"

"分析师和媒体就是用市场占有率来定义成功的。就这么简单。"

马丁反驳道:"不是这样的,米琪。每当我作为公司的联合创始人接受采访时,人们都会问我有关关键客户的情况。他们想知道的是,有哪些知名公司和哪些名人愿意为我们背书。"

米琪耸了一下肩。

凯瑟琳步步紧逼。"你耸肩是因为你不同意,放弃争辩,还是因为你觉得马丁提出了更有说服力的观点,让你难以反驳?"

米琪思考了一下,说:"应该是后者吧。"

"好。我们的目标就是获取新客户。有人能说说为什么这应该是我们共同的首要目标吗?"

这次不需要凯瑟琳点名。卡洛斯自告奋勇地说:"因为这会给媒体一些可写的东西,给我们员工以信心,为马丁和他的工程师团队提供更多的产品反馈。这还将为我们明年争取更多客户提供参考。"

JR 插话说:"更不用说随之而来的后续销售了。"

"女士们、先生们,"凯瑟琳宣布,"除非在接下来的 5 秒内有非常有说服力的意见让我改变主意,否则我相信我们拥有一个首要目标了。"

团队成员们彼此对视,仿佛在说:我们真的达成一致了?

但凯瑟琳还没说完,她需要的是更具体化的目标:"我们需要获取多少新客户?"

讨论的具体化似乎使大家精神焕发，在接下来的30分钟里，他们为能够和应该获取多少新客户展开了激烈的辩论。

简极力游说，提出的数字最大，尼克和米琪紧随其后。JR则很懊恼，为最小数字而极力争辩，因为他希望保持较低的指标，以免打击他的销售团队。杰夫、卡洛斯和马丁介于两极之间。

眼看辩论似乎进行不下去了，凯瑟琳加入了。她说："好啦，除非有人有所隐瞒，否则我想我已经接收了所有人的观点。我们可能无法完全达成一致意见，这没问题，因为这里没有绝对的标准答案。我将根据你们提供的信息确定新客户目标，而我们要坚持这个目标。"

她停顿了一会儿，继续说："简，我们今年还没有能力达成30笔订单，尽管我知道你多么希望账面有更高的收入。JR，我能理解你希望让销售人员保持动力，但是10个新客户是肯定不够的。因为竞争对手的客户数是这个数字的两倍还多，如果我们只有10个新客户，分析师肯定会嗤之以鼻。"

对于凯瑟琳的逻辑，JR没有提出异议。

凯瑟琳接着说："我认为，如果我们能发展18家新客户，其中至少有10家愿意为我们积极背书，那我们就算是做得很好了。"

她停顿了一下，看看是否有人补充新的意见。没有人说话。于是，她宣布："那好吧。到12月31日，我们将拥有18家新客户。这是我们的首要目标。"

没有人能否认，在半小时内，这支团队取得了比他们在一个月的会议上还大的进展。随后的一个小时,他们深入研究了有关新客户的问题,讨论了从市场营销到财务,再到技术部门,每个人需要做什么才能达成这18笔业务订单。

距离外出会议正式结束还有15分钟,凯瑟琳决定做最后的总结:"好吧,今天到此为止。下周我们将召开一次高管会议,届时我们可以深入探讨部分话题以及其他一些关键问题。"

会议终于要结束了,大家似乎松了一口气。凯瑟琳问了最后一个问题:"结束前,大家还有什么意见、问题或担心要说吗?"

到这个时候了,没有人想提一个会推迟他们离开的话题,但尼克决定要发表点儿意见:"我得承认,我们在这两天取得的进展比我当初预想的多得多。"

简和卡洛斯点头表示同意。出乎所有人的意料,米琪居然没有翻白眼。

凯瑟琳无法确定尼克到底是迎合她,还是真的领会了所发生的一切。她决定姑且相信他,并把这句温和的恭维话记在心里。

然后,JR说:"我同意尼克的看法。我们在这里取得了很多成果,明确了我们的主要目标,这确实对我们有所帮助。"

凯瑟琳觉察出他后面还有话,事实果真如此。

JR继续说道:"我只是想知道我们现在是否需要继续召开这种外出会议。我是说,我们已经取得了很大的进展,在接下来的几个月里,我们必须做很多工作才能完成这些业务。也许我们可以看看情况进展再说……"

他并没有真正说完这句话,而是让它悬在那儿。马丁、米琪和尼克小心翼翼地点头表示同意。

凯瑟琳几分钟前内心油然而生的成就感大大减弱。尽管她很想迅速且言辞激烈地否决 JR 的提议,但她还是忍了忍,看看是否有人会为她这么做。正当她以为没有人会帮助她时,杰夫站了出来,他的话表明他确实把凯瑟琳的很多理念记在心里了。

"我必须要说,取消两周后的外出会议不是好主意。我只是觉得,当我们回去工作的时候,会很容易又陷入过去两年一直苦苦挣扎的困境。这两天在这里,我如坐针毡,意识到我没能成功地让我们像团队一样工作。我们仍然还有很长的路要走。"

简和卡洛斯点头表示认同。

凯瑟琳抓住这个机会,让她的团队为即将到来的变化做好心理准备。她对 JR 和尼克重申了自己最初的意见:"我很感激你们渴望投入尽可能多的时间完成销售工作的愿望。"

这句话有点儿言不由衷,但凯瑟琳不想太早、太狠地打击他们。"不过,我想提醒你们,我昨天在会议开始时所说的话。与竞争对手相比,我们拥有更多的资金、更好的技术、更多的人才和经验丰富的高管,但我们仍然落后。我们缺少的是团队协作。我可以向大家保证,作为首席执行官,我最重要的工作就是,让你们——我是说我们——成为一支更高效的团队。"

米琪、马丁和尼克现在似乎终于认同了凯瑟琳。

"我接下来要说的话比我昨天发表的其他评论都重要。"为了增加效果,凯瑟琳停顿了一下,"在接下来的两周里,对那些表现出缺乏信任或是只注重个人自我的行为,我绝不容忍。我将鼓励冲突,推动明确的承诺,并期待你们所有人相互问责。当我看到不当的行为时,我会直接指出,我希望你们也能这样做。我们没有时间可浪费了。"

会议室里一片寂静。

"好吧,我们两周后再来这里。大家小心开车,明天我们办公室见。"

望着大家收拾好行李离开的背影,想到外出会议完成得还不错,凯瑟琳心情很好。然而,她明白自己接下来面对的局面绝不轻松,情况也许会变得越来越糟,甚至可能变得非常糟糕后才会有所好转。

甚至大多数团队成员似乎也清醒地意识到,这种糟糕的局面可能还将持续。如果下次外出会议开始的时候,他们之中有人不再露面,也没人会感到惊讶。不过,他们会因为这个人不是米琪而惊讶。

第 3 章
重磅出击

我不想失去你们中的任何一个人,所以我让米琪离开。

收购引发的争论

回到实际工作中之后,团队在外出会议上取得的进展在迅速退却,速度快得甚至连凯瑟琳都感到惊讶。

好在几缕希望的微光还是浮现出来——卡洛斯和马丁带领他们的下属举办了一次客户满意度的跨部门会议——这足以让员工私下里议论纷纷。但在凯瑟琳看来,团队成员仍然彼此戒备,包括对她。

根据自己的观察,凯瑟琳觉得他们好像完全忘记了在纳帕谷的两天里发生的一切。高管彼此之间几乎没有互动,也几乎没有迹象表明他们相互之间愿意交流。整个团队似乎因为袒露过自己的心声而感到尴尬,并假装这件事压根儿没有发生过。

不过,凯瑟琳经历过许多次这种情况。虽然她对团队没能将从外出会议中学到的理念完全内化感到失望,但她知道这是工作坊开展之后典型的第一反应。她也知道,快速消除第一反应的唯一办法就是立即采取行动,重燃团队希望之火。但凯瑟琳没有料到,她即将面对的是一场火灾。

事情发生在外出会议结束仅仅几天后,就在凯瑟琳即将召开第一次正式高管会议的同一天。

尼克就一个收购项目召集了专题会议。他邀请了所有感兴趣的团队成员，并明确表示需要凯瑟琳、马丁、JR 和杰夫出席。简和卡洛斯也到场了。

开始开会前，尼克开口问道："JR 怎么没来？"

"他今天早上没来办公室。"凯瑟琳说，"我们开始吧。"

尼克耸了耸肩，然后将一叠印刷精美的小册子逐一分发给他的同事们。"这家公司叫绿香蕉。"大家都笑了起来。

"好吧。不知道这名字是怎么来的。不管了。这是波士顿的一家公司，要么是与我们互补的队友，要么是一个潜在竞争对手。这真的很难说。无论如何，我认为我们应该考虑收购它。它正缺钱，而我们账上的现金远超现阶段所需。"

杰夫以董事会成员的口吻问了第一个问题："我们会有什么收益？"

尼克已经认定这笔交易，于是快速答道："客户、员工、技术。"

"有多少客户？"凯瑟琳想知道。

尼克还没来得及回答她的问题，马丁紧接着又问了一个："这家公司的技术怎么样？我可从来没有听说过它。"

尼克再次快速回答道："该公司的客户数量大约是我们的一半。"他边看笔记边回答，"大约有 20 个。这家公司的技术显然足以满足这些客户。"

马丁看起来有些怀疑。

凯瑟琳皱了一下眉问道:"它有多少员工?都在波士顿吗?"

"是的,大概有75名员工。除了7个人,其他人都在波士顿。"

在纳帕谷的外出会议上,为了培养团队能力,凯瑟琳尽可能先保留自己的意见。但对重大议题做决策时,凯瑟琳就不会那样克制自己了。"尼克,等一下,我觉得不太对。这意味着我们要将公司规模扩大50%,并增加一整套全新的产品线。照目前的情况来看,我们已经有太多的挑战需要应对了。"

尽管尼克对反对意见早有思想准备,但他还是无法掩饰自己的不耐烦,他说:"如果我们敢于采取这样大胆的行动,就有机会拉开与竞争对手的距离。我们必须有更长远的眼光。"

此时,换成马丁翻了个白眼。

凯瑟琳向尼克施压道:"首先,我必须要说,米琪应该来参加这次会议。我想了解她在市场定位和战略方面是怎么想的。我也……"

尼克打断道:"米琪不会给这次讨论带来任何价值。这跟公关或广告没有任何关系,这是战略问题。"

每个人都能看出来,凯瑟琳想要驳斥尼克,因为他居然对一个不在场的人如此刻薄。不过她还是决定稍后再说尼克的问题。"让我把话说完。同时,我还认为收购只会加剧我们已有的办公室政治问题。"

尼克做了个深呼吸,就像在说:简直不敢相信我得和这样的人打交道。他还没来得及说出令自己后悔的话,简就插话了:"据我了解，我们的现金状况的确比任何竞争对手都好，甚至比硅谷 90% 的科技公司都要好。但这并不意味着我们就应该把它花掉，除非有绝对的胜算。"

此时，尼克终于将那句令其后悔的话说了出来："凯瑟琳，恕我直言，在引导会议和提高团队协作方面，你可能是一位非常出色的高管。但你对我们的行业一无所知。碰到现在这种事情，我觉得你应该遵从我和杰夫的意见。"

房间里的空气仿佛一下子凝固了。凯瑟琳确信有人会站出来抨击尼克的激烈言辞，但她错了。现实是，马丁居然放肆地看了看手表，然后说："嘿，抱歉，我还有另一个会。如果你们需要我的意见，就告诉我一声。"说完就离开了。

虽然凯瑟琳早已做好充分的准备，随时纠正下属可能损害团队的破坏性行为，但她没想到第一次出现此类问题就与自己有关。这使得情况更加棘手，但又必须处理。问题在于，她应该私下处理，还是公开纠正？

"尼克，你是希望现在当着大家的面谈，还是我们俩单独谈？"

尼克完全清楚发生了什么，于是停下来仔细地思考凯瑟琳的问题。"我想，我大可以勇敢地选择'有话请直说'，但我觉得我们还是应该单独谈吧。"他竟然笑了，但这笑容转瞬即逝。

凯瑟琳请团队其他成员暂时离开，让她和尼克单独谈一谈。"下午高管会议见。"他们欣然离场。

第 3 章　重磅出击

他们一走,凯瑟琳就开口了,语气自信且轻松,比尼克预想的要克制得多。

"好吧,首先我想说的是,永远不要抨击一位不在场的团队伙伴。我不在乎你怎样看米琪。她是这支团队的一分子,有问题你必须直接告诉她,或者告诉我。你必须纠正自己的行为。"

身高 1.9 米的尼克看上去就像是在校长办公室里挨训的七年级学生。但也就一会儿工夫,他就收起了自己的沮丧情绪,向凯瑟琳发起反击。"你看,我在这儿根本没什么事可做。现在这个阶段,我们本应该处于快速扩张状态,应该开展大量的并购活动。我不能就这样无所事事,看着这个地方……"

凯瑟琳打断了他:"所以,这是为了你自己?"

尼克好像没听明白她的问题,问:"什么?"

"你坚持要收购那家公司,就是因为你想为自己找事情做吗?"

尼克试图反悔,辩解道:"当然不是,我觉得这是个好主意。它对我们来说有可能具有战略意义。"

凯瑟琳只是坐在那里听,尼克就像一个正在接受审问的犯人,开始竹筒倒豆子般地倾诉。"没错,我在这里完全没有用武之地。我横穿了大半个该死的国家,举家搬到这里,就是期望有朝一日能掌管这个地方。而现在,我感到很无聊,也很无助,眼睁睁地看着同事们把事情搞砸了。"此刻的尼克看着地面,对自己的处境既感到内疚,又难以置信地摇着头。

凯瑟琳平静地回应他："你认为把事情搞砸了，那你有责任吗？"

他抬起头来，回答道："没有。我是说，我本来应该负责的就是基础运营平台的扩张、兼并和收购。我们什么都没做是因为董事会说……"

"尼克，我说的是大局。你是在让这个团队变得更好，还是在制造团队机能障碍？"

"你认为呢？"

"我认为你没有让团队变得更好。"凯瑟琳停顿了一下，接着说，"不论是不是你掌管这个地方，很显然，你都能够做出很多贡献。"

尼克试图解释："我并不是说我想要你的职位。我只是在发泄，而且……"

凯瑟琳摆了摆手，说："别担心，偶尔发泄一下是可以的。但我必须说的是，我没有看到你挺身而出去帮助别人。如果你做了什么，你也是在瓦解他们。"

尼克并不打算接受凯瑟琳的说法，他争辩道："那你认为我该怎么办？"

"为什么你不试着告诉团队的其他人，你因何而来呢？就把你刚刚告诉我的告诉他们。比如，你感觉没有用武之地，以及举家横跨……"

"这与我们是否收购绿香蕉没有任何关系。"

听到这个可笑的名字,两人都笑了一下。

尼克接着说:"我的意思是,如果他们不理解我们为什么要做像收购绿香蕉这类的事,那么也许……"他欲言又止。

凯瑟琳接下他没说完的话:"也许什么?也许你应该辞职?"

尼克一下子情绪激动起来,质问道:"这就是你想要的吗?如果这是你想要的,那也许我会辞职的。"

凯瑟琳只是坐着,一言不发,让尼克自己冷静思考。然后她说:"这跟我想要什么无关,跟你想要的有关。你必须判断什么更重要,是帮助团队成功,还是增加个人履历。"

就连凯瑟琳自己也觉得这话听起来有点儿残酷,但她知道自己必须这么说。

"我不明白为什么一定要把两者对立起来。"尼克争辩道。

"当然可以两者兼顾,只不过两者之间一定有一个更重要。"

尼克盯着墙,摇摇头,拿不准是该生凯瑟琳的气,还是该感谢她逼自己做出抉择。"随便吧。"他站起身,离开了房间。

希望之火

下午两点,大家都进了主会议室,等待高管会议开始——除了尼克和JR。凯瑟琳看了看手表,决定开始。

"好吧,今天我们将快速回顾一下每个人手头的工作,然后进入此次会议的重头戏,为年内赢得18家新客户做准备工作。"

杰夫正要问凯瑟琳尼克和JR怎么没出席，尼克就走进了房间。

"对不起，我迟到了。"桌子旁有两个空座位，一个挨着凯瑟琳，另一个在她对面。他选择了离凯瑟琳较远的那个位子。

考虑到上午发生的事，凯瑟琳不打算责备尼克迟到，其他团队成员似乎也都明白她的克制。于是，她转而继续说道："在我们开始之前，我需要……"

尼克突然打断她："我有话要说。"

尽管大家都能理解尼克的鲁莽行为，但他刚刚打断凯瑟琳的方式——尤其是在凯瑟琳召集的第一次正式高管会议上迟到后——让大家感觉太过分了。说来也奇怪，凯瑟琳似乎一点儿也不慌乱。

尼克开始说："各位，我有些心里话想说。"

谁都没动。实际上，每个人都对即将发生的事情充满期待。

"首先，在今天早上的会议上，我太出格了。我应该确保米琪到场，而且我当时对她的评论是不公平的。"

米琪先是震惊，继而很愤怒，但没吱声。

尼克对她解释道："米琪，别想歪了。我晚点儿再跟你说。那几句评论也没什么大不了的。"

不可思议的是，尼克的直率和自信竟然让米琪安心了。

他继续说："其次，尽管我相信绿香蕉收购计划可能值得我们考虑，但我坚持主张做这笔交易更多的是想给我自己找一些事情做。你看，我开始感到，来到这里是我做的一次糟糕的职业决定，我只是想来寻求我可以为之自豪的东西。我都不知道该如何在履历上解释过去 18 个月来我都做了什么。"

简看着凯瑟琳，因为她是房间里唯一一看上去丝毫不惊讶的人。

尼克继续说："但我想是时候面对现实，做出决定了。"他停顿了一下，继续说，"我需要做出改变，我需要想办法为这个团队和这家公司做出贡献，我需要你们的帮助。否则，我就应该离开。但现在我不准备离开。"

凯瑟琳本想声称她知道尼克会回心转意，但后来她向丈夫承认，她真的以为尼克会辞职。尽管猜错了，凯瑟琳还是为他留下而激动不已。至于为什么，她自己也很难说清楚。

会议室里鸦雀无声，大家都不知道该如何回应，因为尼克的这番陈述与他的性格和团队的风格完全不符。凯瑟琳很想祝贺尼克能够如此坦诚，但最终还是觉得心照不宣为好。显然，团队在慢慢消化这震撼的场面，无须多言。接着，凯瑟琳打破了沉默："我要宣布一件事。"

马丁以为自己将要经历一场集体拥抱，或者来自凯瑟琳的某种煽情的和解之词，直到凯瑟琳说："JR 昨晚辞职了。"

如果尼克的一番话是让房间安静下来，那此刻则是死一般的寂静，但仅仅持续了几秒。

"什么？"马丁最先做出反应，"为什么？"

"原因还不完全清楚，"凯瑟琳解释说，"至少不像他告诉我的那样。很明显，他又回 AddSoft 公司担任区域副总裁了。"在说出后面的话之前，凯瑟琳犹豫了一下，一度考虑保留不说，但又觉得那样做并不合适。她补充说："他还告诉我，他只是不想再浪费更多时间在外出会议上解决人们的个人问题。"

又是一个沉重的时刻。凯瑟琳等待着。

米琪率先开口了："好吧，这里还有谁认为团队建设这个东西做得太过火了？我们是在让事情变得更好，还是更糟？"

这次就连卡洛斯也扬起了眉毛，好像他也怀揣与米琪一样的观点。形势很明显，对凯瑟琳越来越不利。

这是凯瑟琳在决策科技公司短暂的职业生涯中最漫长的3秒。马丁这时也加入了："好吧，我讨厌做所谓的团队建设这种事，我这个观点对在场的人来说也不是什么新闻。我的意思是，对我而言，这就像听到指甲划过黑板的声音般令人难受。"

凯瑟琳想听到的可不是这个。

马丁继续把话说完："但是，JR的话是我听过的最扯淡的废话。我认为他只是害怕，不知道该怎么销售这些产品。"

杰夫表示赞同："几个月前，在机场喝啤酒的时候，他向我承认——请注意——他说自己从来没有做过新兴市场的销售。他更喜欢做有品牌在背后支撑的产品。他还说，自己一生从来没有失败过，而且不打算在这里品尝失败的滋味。"

简补充道："而且他很抵触我们问他销售情况。他觉得我们是在打击他。"

米琪也插嘴道："我们已经成交的大部分销售都是马丁和杰夫

第 3 章　重磅出击

做的。不管怎样，我觉得 JR 那个家伙压根儿不知道该如何……"

凯瑟琳刚要制止她，尼克就开口了："听着，我知道我最不应该这么说，因为在背后对 JR 批评最多的人就是我，但我们还是别再说了。他已经离职了，我们需要想想接下来该怎么办。"

卡洛斯自告奋勇地说："在我们没有找到合适的人选之前，我来接管销售工作。"

简跟卡洛斯的关系很好，即使当着团队其他人的面，她也直言不讳地说："我们很欣赏你的提议，可我认为这个房间里还有两个人手头有更多的时间和销售经验。"她看着尼克和他身边的杰夫，问："你们两个谁上？"

杰夫立马回应道："你恐怕搞错了。你们要我做什么，我都愿意，可我从来没有管理过销售部门，也没有为此设定过指标。我很喜欢销售产品给投资者乃至客户，只要有懂行的人和我一起就行。"

米琪主动提出了她的建议："尼克，你在上一家公司负责过现场作业。你在职业生涯早期也领导过一支销售团队。"

尼克点了点头。

马丁补充道："我还记得我们面试尼克的时候。"马丁经常习惯用第三人称，好像他们不是坐在同一个房间里，这不是故意无礼，而是显得更正式。"他说他想摆脱自己作为现场作业人员的职业标签，希望承担公司层面的核心领导者角色。"

尼克又点了点头，暗暗钦佩马丁对他的一切还记得那么清楚。

"没错。我觉得自己始终被归类在销售管理和现场作业上。"一时间,谁也没有说话,尼克继续说,"但我必须承认,我极其擅长销售,而且乐在其中。"

凯瑟琳抑制住推荐尼克的冲动。杰夫却没忍住,他说:"你已经和销售团队建立了良好的关系。另外,你必须承认,正是我们没有能力达成更多交易的事实让你心灰意冷。"

卡洛斯开玩笑地说:"拜托,尼克。你要是不接手,他们就得接受我的提议了。"

凯瑟琳冲尼克耸耸肩,好像在说:卡洛斯说得没错。

"既然这样,我要是再推辞,就是我的不是了。"

大家都笑了起来。突然,火灾警报响了。

简拍了拍自己的额头,惊叹道:"哦,我忘了说,我们今天要进行消防演习。半月湾消防局要求我们必须每年进行两次。"

大家开始慢条斯理地整理自己的东西。

马丁补充了最后一点儿幽默:"感谢上帝,让我躲过了一场随时会来的集体拥抱。"

泄密

几天后,凯瑟琳的笔记本电脑坏了,于是打电话给 IT 部门,找人帮忙修理一下。IT 部门实际上只有四个人,负责人布兰登是简的直接下属。因为部门人不多,所以布兰登经常亲自接电话,特别是来自公司高管的电话,更何况是 CEO。

布兰登迅速赶到,很快便找出了电脑存在的问题。他告诉凯瑟琳需要将电脑带回去修,凯瑟琳同意了,同时要求在周末之前修好还给她。

"对了,您马上又要召开外出会议了。"

凯瑟琳一点儿都不奇怪布兰登知道外出开会的事,她其实很希望员工们了解高管外出开会的事情。但是,布兰登接下来的话不由得让她担心起来。

"我真希望能偷偷地看看你们开会。"

凯瑟琳无法对这一评论充耳不闻,问:"哦?是吗?为什么?"

布兰登的技术能力超强,相对应的则是他超低的人际交往敏感度。他不假思索地回应道:"哦,这么说吧,公司里的人都愿意花大价钱看看米琪为她的态度会付出什么样的代价。"

不可否认,当听到公司里有人意识到米琪的行为问题时,凯瑟琳暗暗感到高兴,但她对布兰登的言论的第一反应还是失望。她想知道公司里还有多少员工知道高管外出会议的细节。

"恐怕那并不是我们一直在做的事。"凯瑟琳知道这一切不能怪布兰登,所以她改变了话题,"不管怎样,谢谢你帮我修电脑。"

布兰登离开后,凯瑟琳开始思考该如何与简及其他高管处理这种情况。

第二次纳帕谷会议

接下来的一周,也就是尽人皆知的"消防演习会议"几天之后,第二次纳帕谷会议开始了。

凯瑟琳用她惯常的演讲开启了本次会议:"我们有更多的资金、更好的技术、更有才华和经验的高管,但我们仍然落后于竞争对手。记住,我们来这里的目的是作为一支团队更高效地工作。"

接着,凯瑟琳提出了一个困难的话题,她用尽量不带压迫性的语气说道:"我有一个小问题要问各位,如果你们告诉过下属关于第一次外出会议的信息,你们是怎么说的?"

无论凯瑟琳如何努力,类似审问的氛围还是不可避免地形成了。"我并不是要在这里敲打谁。我只是觉得,我们需要明确作为一个团队时,我们的行为表现。"

杰夫第一个回答道:"我可什么都没告诉我的人,什么都没说。"

房间里的人都笑了起来,因为现在的杰夫已经没有任何直接下属了。

米琪是第二个发言的:"我只是说我们做了一堆煽情的练习。"她想说得有趣些,但每个人都看得出来,米琪在一定程度上说的是实话,所以没有人笑。

马丁突然变得戒备起来,他说:"如果你对我们所做的有什么意见,就直接告诉我们。我承认,我和我的工程师们有过一些非常坦率的交流。他们想知道我们是不是在浪费时间，我认为他们有权得到解释。如果这意味着违反了某种程度的保密要求，那么我很抱歉。"

会议室里的人都被马丁这种一反常态的表述吓了一跳，因为他不但说的时间长，而且带有更多情绪，这可不像他们平时已经习惯的马丁。

凯瑟琳差一点儿笑出来，她说："我不是在生任何人的气，也不是说我们不可以和自己的团队谈论外出会议的事情。其实上一次就应该更加明确——我们需要这样做。"

马丁的情绪似乎缓和了，只是表情略显尴尬。

这时，简开口了："我和我的团队说的可能比你们都要多些，而且我猜是有人对你说了什么。"

凯瑟琳觉得好像被简看穿了心思，她承认道："嗯，确实是你的一个下属促使我问这个问题的。"

简被单独拎出来，米琪显得有点儿幸灾乐祸。

凯瑟琳接着说："但这并不是针对你或者其他人。我只是想了解一下，在涉及保密和归属感的时候，你们的想法。"

"你说的归属感是什么意思？"尼克想知道。

"我的意思是，你们都想一想哪个是你们的第一团队。"

不出意外，房间里的人都很困惑，凯瑟琳解释道："这不是在保密课上，至少保密不是我想说的重点。我想说的是保密之外的东西。"

凯瑟琳因一时无法把这个问题说清楚而感到懊恼，于是她采用了更加直接的方式。她说："我就是想问你们，对你们而言，我们这个团队和你们自己带领的团队，也就是部门团队，哪个更重要。"

每个人似乎一下子都明白了，又似乎对自己心里的真实答案感到很不自在。

简问道："所以，你是想知道我们是否向自己的下属透露了应该保密的事情？"

凯瑟琳点了点头。

米琪最先回应道："我和我的员工之间的关系比我和在座各位之间的关系要亲密得多。我很抱歉，但这是实话。"

尼克点点头说："对我来说也是如此，当然除了我刚刚接手的销售团队。"他想了想，补充道，"但我还想说的是，不出几周，我和他们的关系也会比跟这个团队更亲密。"

尽管尼克的本意是想开一个玩笑，也确实在人群中引起了零星的笑声，但这样残酷的事实让整个房间里的人都泄气了。

简接着发言："我想我们所有人可能都会说，自己的团队比这支团队更重要。"她犹豫了一下才把话说完，"尤其是我。"

这句话引起了在座所有人的注意。

"你想跟我们说说吗？"凯瑟琳语气温和地问道。

"这里的每个人都知道，我和我的下属关系相当亲密。在为我工作的 8 个人中，有 5 个以前在其他公司时就是我的手下，对他

第 3 章 重磅出击

们来说，我就像他们的父母一样。"

卡洛斯开玩笑地说："她是他们的干妈。"

大家都笑了。

简一边笑一边点了点头说："是的，我不得不承认这一点。不是说我过于感情用事，而是因为他们都知道我几乎会为他们做任何事。"

凯瑟琳点了点头，好像已经完全明白了。

马丁为简辩护说："这不是什么坏事。我的工程师们知道我会保护他们免受干扰和阻碍，他们因此会为我拼命工作。"

简补充道："遭遇困难时，他们也不会一走了之。我的人非常忠诚。"

凯瑟琳只是仔细地听，但尼克感觉到她打算反驳，于是问了一句："这是你所说的问题吗？我想，你应该也希望我们能成为优秀的管理者吧？"

"我当然希望如此。"凯瑟琳向他们全体保证，"我很高兴听到你们对自己下属的感情这么强烈，这与我初到公司时了解的情况完全一致。"

会议室里再次安静下来，大家都很困惑，好像在说：那么问题到底出在哪里呢？

凯瑟琳接着说："但是，当一家公司有一群优秀的管理者，其行为表现却无法像一支团队那样协作时，这就会使他们自己和公司陷入两难困境——究竟哪个才是他们的第一团队。"

杰夫希望得到进一步的解释："第一团队？"

"是的，哪个是你的第一团队？这些都与最后一个机能障碍有关——必须将团队成果置于个人利害得失之上。你们的第一团队必须是现在这个团队。"她环顾着房间，明确表示她指的就是在座的各位高管。

"尽管我们对自己的下属很有感情，这样对他们来说也很好，但我们绝不能牺牲对今天在座这群人的忠诚和承诺。"

团队终于理解了凯瑟琳的意思，以及隐含其中的困难。

简第一个发言了："凯瑟琳，这太难了。我的意思是，我可以坐在这里假装同意，违心地给你一个保证——这会是我的第一团队。对我来说这很容易。但我就是无法理解，我怎么能舍弃自己通过辛勤努力打造出来的东西。"

卡洛斯试图找到一个折中的方法。"我觉得你不是必须舍弃啊。"他望向凯瑟琳，寻求确认。

凯瑟琳移开了目光，好像很害怕会一时心软而做出让步。她进一步说明："你不必毁掉它，但你必须心甘情愿地把它放在第二位。对你们中的许多人来说，这感觉就和你抛弃了他们一样。"

高管们思考着这个困难的提议，情绪有些低落。

杰夫试图缓和大家的情绪，他说："想想这对我来说有多糟糕，各位本来是我的第一团队，可我连个倾诉的人都没有。"包括米琪在内的每个人都笑了。尽管杰夫是在开玩笑，但大家听得出他的话有几分道理，对他充满了歉意。

第3章 重磅出击

凯瑟琳觉得有必要把话说透："我不知道还能怎么表达这个意思，但打造一支真正的团队确实不容易。"

没人开口讲话。凯瑟琳可以看到他们脸上的疑虑，但她并没有因此却步，因为他们似乎并不是在质疑团队的重要性，而是怀疑自己能否真的做到。

长久以来，这是凯瑟琳期待看到的反应。

艰难前进

凯瑟琳抓住机会，引导大家继续讨论："听我说，我们并不是要在这里马上解决这个问题。这需要一个过程，浪费时间陷在这里空想完全没有必要。让我们坚持先把我们自己打造成一支团队的计划，再把我们这支团队放到第一位，这样可能就没有那么困难了。"

大家似乎已经准备放下自己的担忧，于是她顺势问了一个简单的问题："我们打造团队的计划做得如何了？"

杰夫率先说道："必须承认，自上次外出会议后，发生了很多变化。我的意思是，假如你预先告诉我，JR会辞职，而我们会有尼克这样的人接替他的位置，我会指责你处心积虑地策划了整件事。"

尼克表示同意："是的，我从来没想过我会接手这项工作，当然也从没想过会从中得到乐趣。我认为，我们目前状态不错。不过要想达成业绩目标，依然有很长的路要走。"

凯瑟琳重新聚焦了讨论重点，她问："那么，作为一支团队，我们做得如何？"

简回答说："我认为我们做得还可以。我们似乎正朝着正确的方向前进，可以确定的是，我们有了更多富有成效的冲突。"

大家都笑了。

"我倒有些不确定，甚至开始有些疑虑了。"在讨论过程中的这个节点上听到这样的评论，凯瑟琳通常都不会感到意外，但是这句话居然出自卡洛斯之口。

"你为什么这么说？"凯瑟琳问道。

卡洛斯皱起了眉头，回答道："我也不知道。我只是觉得我们一直没有讨论什么重要议题。或许我只是有点儿缺乏耐心。"

"那你认为重要议题是什么呢？"简疑惑地问道。

"噢，我不想在这儿挑起事端……"

凯瑟琳打断了卡洛斯，她说："我希望你有话直说。"

卡洛斯挤出一个笑容说："这个……我们是想要让公司成功，但我怀疑我们的资源是否投入了恰当的地方。"

马丁似乎觉察到他就是卡洛斯评论的对象，他问："你说的资源是指什么？"

他的感觉没错。卡洛斯结结巴巴地说："嗯，我也不太确定。我觉得，我们的技术部门过于庞大了，差不多是公司人力的三分之一。嗯，我觉得，我们或许可以将更多的资源用在销售、市场

第3章 重磅出击

营销和咨询方面。"

马丁并没有感情用事地回击，他更喜欢用他所谓的"苏格拉底讽刺法"来回应卡洛斯的说法。还没等马丁开口，米琪就突然发表意见道："我同意卡洛斯的看法。老实说，我不知道一半的工程师都在做什么。我多么希望可以把我们的钱用在更好的市场营销和广告宣传上啊。"

马丁的叹息声清晰可闻，好像在说：又是这一套。每个人都能感受到他的反感情绪。

凯瑟琳必须为接下来的讨论设定好基调，她说："好吧，让我们把这件事情说清楚。先别假定我们现在的资源分配是错误的。就算为了股东和员工，我们也需要做这件事——找到合理利用资金的方法。这不是信仰之争，只是关于战略执行的讨论。"

紧张的气氛稍稍缓解了一下，凯瑟琳又开始"煽风点火"。这次，她的话是对马丁说的："我猜，你早已受够了人们质疑公司对技术部的投入。"

马丁的表情很镇定，但言辞激烈："你说得实在太对了。他们就是弄不明白，我们的钱是花在了技术研发上，而不是投给了技术部。我们是一家做产品的公司，这和花钱带软件工程师们去打高尔夫可不一样。"

"得了吧，马丁。"尼克大叫道，"软件工程师可不打高尔夫。"新上任的销售老大试图用幽默轻松一下，然后继续说道："我们并不是说你不负责任，而是说你可能有点儿偏心。"

马丁不打算让步。"偏心？听着，我打的销售电话次数不比这里的任何人少。我还和分析师们谈……"

简插话说："等一下，马丁。我们并不是在质疑你对公司的投入。也许正是因为你对工程技术了解得更多，所以你才希望把更多的投资花在产品上。"简终于说到了问题的核心，她问："为什么当有人对技术方面的投入有意见时，你的戒备心会这么强？"

这句话就像是简给马丁泼了一盆冷水，实际上，它触动了在场的每一个人。

米琪凑了上来，但比平时温和得多，她说："简说得没错，你的反应就好像我们在质疑你的智商。"

马丁恢复了镇定，坚持说："难道这不正是你们在做的事情吗？说来说去，你们不就是在说我过高估计了开发和维护产品所需的资源。"

简比米琪更委婉地解释说："马丁，不是你想的这样，我们说得比这要宽泛一些。我们想了解的是，在市场上，产品究竟需要做到多好才能取胜。我们是想了解，我们在未来技术上究竟还需要投入多少，因为这很可能影响公司现有技术在市场上的推广。"

凯瑟琳从引导师的角色转换成领导者，对简的观点补充道："要搞清楚上面这些问题，仅靠你自己是不行的。我认为在座的没有一位拥有足够聪明的头脑和广博的知识，在不依靠他人反馈和观点的情况下，就能知道正确答案。"

具有讽刺意味的是，解释越合理，马丁看起来就越烦躁。他

第 3 章　重磅出击

可以轻易地化解米琪虚张声势的挑战，却对简和凯瑟琳不偏不倚、合乎逻辑的观点无言以对。

"听着，我们已经投入这么多时间打造这个产品，我可不想将来公司的墓志铭上明晃晃地写着，公司垮掉是由于糟糕的技术。"大家还没来得及向他指出这是团队协作第五大障碍的典型表现，马丁自己就抢先说了出来，"是的，我知道，这听起来好像我是在逃避个人责任，而不是帮助公司成功，但……"最终，他也没能为自己的行为找到更恰当的解释。

简为他解围道："你觉得我在财务上如此抠门是为什么？"这是一个设问句，所以她自问自答道，"是因为我最不想看到的事就是《华尔街日报》说，我们因为没有管理好现金流而不得不关掉公司。卡洛斯不希望我们被客户服务问题拖垮，米琪也不希望我们因为没能打造好品牌而失败。"

即使是如此均摊责任的说法，米琪似乎也不接受，她瞥了简一眼，好像在说：我可没那个担心。

简没有理她，而是对着其他人说："听起来就像我们全都在'泰坦尼克号'上争相抢占救生艇。"

"我认为没那么严重。"尼克反驳道。

凯瑟琳倒是对 CFO 的比喻很认同。"是啊，那我们就要设法让自己尽可能离救生艇近些，有备无患。"

尼克点点头，好像在说：好吧，我承认。凯瑟琳把话题转回正题，问马丁："对了，我们刚刚说到哪儿了？"

马丁深吸了一口气，摇了摇头，仿佛完全不同意大家刚才所说的。但他接下来的话出乎大家的意料。他说："好，那就让我们把这个问题弄清楚。"

他走到白板前，画出自己部门的组织架构图，解释了每个岗位的工作内容，以及他们是如何相互配合的。在场的同事们则为此前的自以为是惊愕不已，因为他们既不了解技术部的职责，也不知道他们是怎么协同完成工作的。

马丁讲完后，凯瑟琳给了团队两个小时的时间，一起讨论增加或减少分配给技术部资源的利弊得失，以及如何在其他方面更合理地运用节省下来的资源。在这期间，团队不时地爆发激烈的争论，有人中途改主意，也有人对自己最初的意见做出让步。这时，团队才意识到，虽然讨论到这种程度了，正确的答案还是毫无踪影。

或许这场讨论真正的价值在于，团队的每个成员，包括凯瑟琳在内，都曾拿起马克笔走到白板前解释某个观点。如果有人打哈欠，那是因为讨论得筋疲力尽了，而不像以前那样感到无聊。

最后，杰夫提出了一个解决方案。他提议完全砍掉一条正在研发的产品线，并将另一条产品线至少推后6个月实施。尼克紧随其后，建议重新部署从这些项目上退下来的工程师，培训他们协助销售代表进行产品演示。

在几分钟内，大家就达成了一致意见，并为实施这一变革制订了紧凑的时间计划。盯着面前白板上复杂但切实可行的解决方案，高管们心中都暗自惊讶。

第 3 章 重磅出击

凯瑟琳让大家先去吃午饭,并补充道:"等吃完回来,我们将讨论如何处理人际关系中的不舒适,以及如何让彼此负起责任。"

"我都迫不及待了。"马丁的这句玩笑话并不是对议程的不满,当然也没人这么认为。

回顾新客户进展

午饭后,为了保持上午会议的势头,凯瑟琳认为最好能聚焦于现实议题的讨论,而不是继续做团队练习。

因此,她让尼克带领团队跟进一下首要目标"获取 18 家新客户"的落实情况。尼克走到白板前,依次写下了 4 个关键驱动因素:产品演示、竞争分析、销售培训,以及产品宣传册。这是他们在第一次外出会议中一致认定的。尼克开始讨论这 4 件事的进展。

"马丁,你的产品演示项目进展如何?"

"我们比计划的快,事情比我们预料的容易一些,所以我们应该可以提前一两周完成。卡洛斯帮了我们很多忙。"

"很好。"尼克不想浪费时间,转而问,"卡洛斯,竞争分析怎么样了?"

卡洛斯翻看着面前桌上的一堆文件说:"我本来带了一份最新的进度报告,但现在找不到了。"他干脆放弃了翻找,汇报说,"不管怎样,我们还没有真正开始,我连一次正式的分析会都还没开成。"

"为什么没开成？"尼克比凯瑟琳预想的有耐心。

"嗯，坦白地说，因为你手下的许多人一直都没空。而我又在忙着帮马丁做产品演示。"

会议室里一片寂静。

尼克决定深究一下，他问："哪些人说他们没时间？"

卡洛斯不想明说："我不是要抱怨他们，只是……"

尼克打断了他的话："没关系，卡洛斯。只要告诉我，你需要谁来协作。"

"嗯，我觉得杰克是关键，还有肯。我也不太确定，是否……"

这时，凯瑟琳打断了他的话："有人看出这里面的问题了吗？"

尼克率先回答说："是的，我应该和我手下的人沟通清楚工作的优先级，确保他们可以做好支持卡洛斯的准备。"

凯瑟琳承认这的确很重要，但她想到的是另外一个维度的事情。她提出："但是，卡洛斯就没有问题吗？在今天之前，他是不是早该找你解决这个问题？当他说他甚至还没开始做竞争分析的时候，居然没有一个人质疑。"

又是一阵令人局促不安的沉默。

卡洛斯脸色如常，没有对老板的问题反应过度。相反，他似乎在认真地思考这个问题。

马丁打破了沉默："我觉得，真的很难去指责一个总是主动提供帮助的人。"

凯瑟琳点点头，然后语气坚定地补充道："你说得对，但这不是一个很好的借口。事实上，身为公司的副总裁，卡洛斯需要根据我们已经做出的决议，更好地安排工作的优先级，而且他需要去挑战那些没有及时做出回应的人。"

卡洛斯现在开始觉得自己被针对了，情绪有些波动。注意到这一点的凯瑟琳直言不讳地说："卡洛斯，我以你为例，是因为你就是一个不容易被追责的人。但每个人可能都会遇到这种情况。你很难追究一些人的责任，这些人有的是因为一直乐于助人，有的是因为有非常强的防御性，还有的是因为令人生畏。我认为，面对任何人，甚至面对自己的孩子，问责都不是件容易的事。"

凯瑟琳的一席话赢得了一些团队成员的认可，她顺势要求道："我希望你们所有人能够相互质疑，比如，手头正在做的事情、时间是如何分配的、是否已取得显著的进展等方面。"

米琪发难道："但这听起来像是彼此缺乏信任。"

凯瑟琳摇了摇头。"不，信任不意味着大家都保持一致而不需要督促。信任意味着当有团队成员督促你时，你知道他们是因为在乎团队才会这样做。"

尼克澄清道："但我们必须以不惹怒别人的方式去督促吧。"

他的话听起来更像是一个问题，于是凯瑟琳回应道："当然。我们应该带着尊重去督促，要先假设对方正在做的事情很可能也是正确的。但无论如何还是要去提醒，绝不能退缩或隐瞒。"

团队似乎有点儿明白凯瑟琳的意思了，于是她稍稍停顿了一会儿，以便让大家完全消化。然后，她示意尼克继续。

尼克欣然从命，继续说："好，那我们来谈第三项——销售培训。这部分由我负责，一切都在按计划进行。我已经为销售人员安排好了一个为期两天的培训课程，而且我认为我们在座的所有人都应该参加。"

米琪满脸疑惑地问："为什么？"

"既然我们把赢得那18家新客户当作真正的最高优先级目标，那么我们每个人都该把自己当成销售员。"

凯瑟琳不假思索地说："对，是这样的。"

尼克继续说："那么，请大家按时参加，我们一起弄清楚如何才能帮助我们的销售代表。"尼克公布了培训时间安排，各位高管都记在了自己的日程表中。

米琪似乎还在愤愤不平。

"米琪，有什么问题吗？"是尼克问的。

"没事，没事。继续吧。"

尼克不打算接受这样敷衍的回应，他有些懊恼地追问米琪："如果你有不参加销售培训的合理原因，我倒想听听。"他停顿了一下，看米琪是否会回应，米琪没有回应。尼克只好继续道："老实说，我无法想象还有什么是比这更重要的事情。"

终于，米琪带着讽刺的口吻回应道："好啊，如果是那样，我也希望每个人都来参加下周我召开的产品营销会议。"

尼克再次克制住自己的情绪,他说:"真的吗? 如果你认为我们都应该到场参加,那么我们就都参加。"

米琪压根儿没把尼克的话当回事,脱口而出:"算了吧。我会去参加你的销售培训。但我的产品营销会议,除了马丁,就不劳烦各位了。"

就在那一刻,凯瑟琳越发确定,米琪将不得不离开这支团队。没想到,接下来5分钟发生的事比凯瑟琳预想的还要糟。

个人成绩

尼克转到第四个议题。"好吧,我们的产品宣传册做得怎么样了?"这个问题是问米琪的。

"我们都准备好了。"米琪试图掩饰自己的沾沾自喜,但又暴露无遗。

尼克有点儿惊讶地问:"真的吗?"

感觉到同事们不太相信她,米琪伸手从电脑包里取出一叠精美的宣传单页,并分发给大家。"这些都按计划排好了,下周拿去印刷。"

房间里静悄悄的,每个人都在仔细查看设计,阅读文案。凯瑟琳能感觉到,大部分人对这份物料的品质感到满意。

但尼克似乎很不舒服,抱怨说:"你不打算和我说说这件事吗? 一些销售人员还在为产品宣传册做客户调研,他们肯定会很恼火的，因为他们发现自己的投入并没有……"

米琪打断道："我的下属比公司里的任何人都更懂这项工作。但是如果你想让你部门的人补充一些细枝末节的东西，我也没意见。"很明显，她认为没这个必要。

尼克看起来左右为难，既被米琪呈现的"作品"打动，又受到了米琪呈现"作品"的方式的侮辱。"好吧，我会给你一份名单，有三四个人，他们需要在印刷之前看一下这份手册。"

米琪的工作进展带给人们的兴奋感，被她对待尼克的态度冲淡了。

杰夫试图缓和这个尴尬的局面，他说："你和你的下属做的这套宣传材料还是很棒的。"

米琪极其享受这样的溢美之词，她笑着说："当然啦。你不知道我投入了多少心血，这可是我最擅长的事情。"

面对这位一直以来都很缺乏谦逊品质的同事，其他成员似乎都在心里暗暗抱怨。

凯瑟琳很少有这样冲动的时候，她决定不再等了。她宣布大家下午可以好好休息一下，到6点吃晚饭时再见。大家都走了，米琪却被单独留下。

辞退米琪

大家都离开了会议室，门也关上了。凯瑟琳突然感到自责，

第 3 章 重磅出击

非常想一个人出去走走。如何才能避免这类事情发生呢？她真的很想知道答案，因为她此刻已经没有退路可走。

米琪好像并不知道接下来会发生什么。凯瑟琳无法判断米琪的一无所知会让事情变得更容易还是更棘手，但她很快就知道答案了。

"米琪，这会是一次艰难的谈话。"

一丝恍然大悟的神色出现在米琪的脸上，不过转瞬即逝，她问凯瑟琳："要谈什么？"

凯瑟琳深吸了一口气，直截了当地说："我认为你不适合这个团队，我认为你也不是真的想留在这里。你明白我的意思吗？"

突如其来的信息令米琪感到震惊，她愤怒的表情也让凯瑟琳始料未及。你早该料到有这一天啊，凯瑟琳在心里默默地叹了一口气。

米琪难以置信地说道："我？你在开玩笑吧！在这个团队的所有人里，你认为我……"米琪话没说完，只是紧紧地盯着凯瑟琳，又问了一次："是我？"

奇怪的是，话说出口之后，凯瑟琳反而感觉轻松了许多。在过往的职业生涯中，她与足够多难缠的高管打过交道，在他们震惊愤怒之余，她还能够坚定自己的立场。但米琪显然比一般的高管精明得多。

"你凭什么这么认为？"米琪逼问道。

凯瑟琳平静地解释说："米琪，你似乎并不尊重你的同事，也不愿意对他们坦诚相待。在会议中,你给所有人造成极大的干扰和负面影响,包括我在内。"尽管凯瑟琳知道自己说的句句属实,但她突然意识到,对一个不明就里的人来说,这样的控诉未必有说服力。

"你认为我不尊重同事?问题在于他们不尊重我。"话一出口,米琪好像意识到这是在"不打自招"。她有气无力地试图辩解:"他们不重视我的专业性和我的经验。他们也根本不知道如何做软件产品营销。"

凯瑟琳静静地听着。米琪说出的每一句话,都让凯瑟琳越来越坚定自己的决定。

察觉到凯瑟琳的心思,米琪出言攻击——语气冷静,却充满了明显的恶意。"凯瑟琳,你觉得董事会对于我离开团队会有什么反应?不到一个月,你就接连失去了销售和市场营销这两个部门的负责人。如果我是你,我会担心自己的工作不保。"

"米琪,谢谢你的关心。"凯瑟琳的回答带着一丝讽刺,"但我的工作可不是应付董事会,我的工作是打造一个领导团队,从而让这家公司更好地运转。"她缓和了一下,用更富同理心的语气说:"我只是觉得你并不想成为这个团队的一分子。"

米琪此刻深吸一口气说:"你真的认为,我离开了,公司就会变好吗?"

凯瑟琳点头道:"是的,我是这么想的。老实说,我相信这对你也比较好。"

第3章 重磅出击

"何以见得?"

凯瑟琳希望尽可能保持坦诚与友好的交流,所以说:"你或许会找到一家更欣赏你的专业技能和行事作风的公司。"凯瑟琳本想就此打住,但她还是向米琪说出了心里话:"我想,如果你不先审视自己的问题,那么不管你去哪家公司都不会太容易。"

"什么意思?"

"我是说你看起来总是愤愤不平的,米琪。或许这是决策科技公司的问题……"

没等凯瑟琳说下去,米琪就打断了她,说道:"这当然是决策科技公司的问题,因为我以前没有遇到这样的问题。"

凯瑟琳知道这当然不是真的,但她决定不再往米琪的伤口上撒盐,只说:"那么在别的地方,你肯定会更开心。"

米琪盯着她面前的桌子不说话。凯瑟琳认为她开始妥协,甚至接受了自己说的话。可惜,凯瑟琳错了。

离开或改变

米琪盯着桌子没有说话,只是为了整理自己的思绪。几分钟后,她回过神来,显得比此前更激动、更坚决。

"第一,我不会主动辞职。你只能解雇我。还有,我丈夫是律师,所以你想和我打官司可不容易。"

凯瑟琳没有退缩,反而以真诚和同情的态度回答道:"我并不是在解雇你，你也不是必须离开。"

米琪似乎被搞糊涂了。

凯瑟琳直接挑明："但你必须彻底改变你的行为，而且必须要快。"她停顿了一下，让米琪考虑她的话，然后说，"坦率地说，我只是不确定你是否想要经历这样的蜕变。"

米琪脸上的表情表明，她绝对不想经历那个过程。但她仍然为自己辩解道："我认为我的行为并非问题所在。"

凯瑟琳回答说："它当然不是唯一的问题，但它是一个非常现实的问题。你不参与部门以外的任何事务，也不接受同事的批评，更不会在自己做得出格的时候道歉。"

"我什么时候出格了？"米琪咄咄逼人。

凯瑟琳不确定米琪是在装傻，还是真的没有意识到。不管是哪种情况，她都必须向她和盘托出，于是她心平气和地说："我真不知道从哪儿说起。你经常翻白眼，出言不逊，对团队成员说脏话。还有，你对参加销售培训没有兴趣，即便这是公司最高优先级的任务。我想说，这些都很出格。"

米琪呆呆地坐着，一言不发。面对如此确凿的证据，她似乎突然意识到自己陷入了进退两难的窘境。尽管如此，认输之前，她还要做最后的挣扎。"听着，我早就听腻了人们对我的抱怨，我当然不会为了适应这群不正常的人而改变。不过，我也不会如你所愿轻易离开。这是原则问题。"

凯瑟琳镇静自若地问："什么原则？"

第 3 章 重磅出击

米琪一时给不出具体答案,只是摇着头,冷冷地看着凯瑟琳。

几乎整整一分钟过去了。凯瑟琳克制住自己,没有打破沉默,她想让米琪好好审视一下她的争辩是多么空洞。最后,米琪说:"我要三个月的遣散费,我应有的股票期权都要兑现给我,还要有正式记录证明我是自愿离职的。"

凯瑟琳如释重负,她很愿意满足米琪的所有要求,但她知道最好不要即刻答应。"我不能保证全部满足你的条件,但我会尽量争取。"

又是一阵尴尬的沉默。米琪开口问:"那么,你想让我现在就离开吗?我是说,我都不应该留下来吃晚饭吗?"

凯瑟琳点了点头说:"下周你可以来办公室收拾你的东西。假如我能协商满足你上述的离职条件,你就可以直接去人力资源部办理离职手续了。"

"你知道吗?你们有大麻烦了。"米琪无论如何都想再打击凯瑟琳一次,"你看,你已经没有了销售老大,现在市场营销负责人又走了。如果你因此再失去市场营销部门的一些员工,我也不会感到惊讶。"

凯瑟琳经历过很多次这样的情况,而且她花了足够多的时间了解米琪那个部门的员工,知道他们和其他人一样,也对米琪的缺点颇有微词。不过,她觉得最好还是表现出某种程度的担心,就说:"如果发生这样的事,我当然会理解,但我希望不会走到这一步。"

米琪摇了摇头,好像又要开始一番激烈的争辩。最终,她收拾好电脑包离开了。

气氛消沉

凯瑟琳在剩余的休息时间里,绕着葡萄园走了很长时间。到会议重新开始的时候,她又回到精神饱满的状态。然而,她对即将发生什么,完全没有心理准备。

凯瑟琳还没来得及提起米琪的事,尼克已经在问:"米琪去哪儿了?"

"米琪不会回来了,她要离开公司了。"凯瑟琳尽量让自己表现得很平静。

大伙儿都非常吃惊,反应完全出乎凯瑟琳的预料。

"怎么回事?"简问。

"我接下来要说的事情,请各位务必保密,因为涉及离职员工的法律问题。"每个人都点了点头。

凯瑟琳开门见山地说:"我看不到米琪调整自己行为方式的意愿,而她的行为一直在伤害团队,所以我请她离开公司。"

没有人说话,大家只是面面相觑,又望向还摆在桌子上的宣传物料。

最终,卡洛斯开口了:"这……我不知道该说什么。米琪什么反应?我们的市场营销怎么办?"

尼克接着问了一连串问题："我们该怎么和员工说？怎么和媒体说？"

尽管凯瑟琳对他们的反应感到意外，但她很快答复："关于米琪的反应，我不想说太多。她有点儿惊讶，也有点儿气愤，不过在这种情况下，这些反应都很正常。"

大家都等着凯瑟琳解答另外的问题。

凯瑟琳继续说："至于市场营销方面，我们将物色新的副总裁。市场营销部门目前有很多有实力的人，在继任者到岗之前，可以让他们先承担起这方面的工作。对此，我并不担心。"

每个人似乎都理解了，也接受了凯瑟琳的解释。

"另外，我们只需要简单地告诉员工和媒体，米琪已经另谋高就了。在涉及敏感信息方面，我们没有太多可操作的空间。但我认为我们不应该被任何人的第一反应吓倒。如果我们齐心协力地推进工作，员工和分析师都不会有问题。另外，我觉得，大部分人，尤其是公司员工，并不会对这件事感到特别惊讶。"

尽管凯瑟琳很自信，论述逻辑也很清晰，但会议室里的气氛还是很低迷。凯瑟琳知道她必须努力敦促大家聚焦在实际工作上。她只是没有意识到，为了平息米琪的问题，她还需要额外做多少工作。

一个不太光彩的故事

直到第二天下午，团队的讨论始终专注于业务细节，尤其是销售方面。尽管他们的工作确实取得了进展，但凯瑟琳无法否认，米琪的离开还在持续影响整个团队的士气。她决定以身涉险。

午餐结束后，凯瑟琳对大家说："我想用几分钟时间先处理一下'坐在房间角落里的大象'①。我想知道每个人对于米琪的离开有什么感受。因为在下周，我需要面向全公司说明米琪离职，所以我必须先确认，在座各位作为一个团队，对此事的认知保持一致。"根据过往的经验，凯瑟琳知道，即使是最难相处的员工离职，也会在同事间引发一定程度的伤感和自我怀疑。尽管如此，她还是会对大家的反应感到吃惊。

团队成员你看看我、我看看你，都不想当第一个开口的人。直到尼克站了出来，说："我只是为高管团队又失去了一名成员而有些忧虑。"

凯瑟琳点点头，表示理解他的担忧，但她真正想说的是：可米琪从来就不是这个团队的一员！

简补充说："我知道她是一个很难相处的人，但她的工作质量有目共睹。当前的市场工作至关重要，或许我们应该包容她。"

凯瑟琳点点头表示她正在听，然后追问："其他人呢？"

马丁稍稍举了一下手，他的问题看似有些难以启齿："我只是想知道下一个离开的会是谁？"

沉默了一会儿，凯瑟琳回应道："我来讲一个我自己的小故事

---

① "房间里的大象"指的是一些显而易见却一直被忽略的问题。——译者注

吧，是一个很不光彩的故事。"

这句话吸引了每个人的注意。

凯瑟琳皱起了眉头，似乎真的不想提及。

"研究生阶段的最后一个学期，我在旧金山一家著名的零售公司找到了一份类似承包商的工作，管理一个由金融分析师组成的小部门。这是我第一个真正意义上的管理职位，而且我希望毕业后能在这家公司得到一份正式工作。"尽管凯瑟琳的公众演讲水平有限，但她有讲故事的本事。"我接管的这群人很优秀，工作也都很努力，有一个人做的报告比其他人的更多，质量也更高。我就叫他弗雷德吧。弗雷德能够完成我交办的任何工作，因此成了我最信赖的员工。"

"我也想有这样不光彩的故事。"尼克打趣道。

凯瑟琳扬起了眉毛，继续讲："然而，事情远不止如此。部门里没有人能忍受弗雷德。老实说，他也让我很恼火。他从来不帮助别人，还非得让每个人都知道他的工作做得有多好。当然，他的工作确实做得很好，甚至那些讨厌他的人也不会否认。尽管部门的其他员工无数次地向我抱怨弗雷德，我也认真倾听，甚至曾轻描淡写地要求弗雷德调整自己的行为，但大部分时候我会置之不理，因为我看得出来，他们是忌恨弗雷德的能力。何况，我可不打算斥责手下最优秀的员工。"

大家似乎对她的想法很有共鸣。

凯瑟琳接着说："最终，部门的业绩开始下滑，于是我把更多的工作交给了弗雷德，他有一点儿抱怨，但还是把工作做完了。在我看来，他挑起了整个部门的大梁。很快，部门士气越发低迷，业绩进一步下滑。又有一些分析师来向我抱怨弗雷德，很明显，他导致的团队问题远超我的想象。我辗转无眠，经过一夜痛苦的思考，做出了第一个重大决定。"

杰夫猜测道："你解雇了他。"

凯瑟琳羞愧地笑了笑，道："没有。我给他升职了。"

在场的人都惊得目瞪口呆。

凯瑟琳点点头，接着说："没错，弗雷德是我担任经理以来提拔的第一人。两周后，我手下的7名分析师中有3人辞职，整个部门陷入混乱。我们的工作进度大大落后，我的上司找我了解情况。我解释了弗雷德的事情，以及我为什么会失去其他分析师。第二天，他做出了一个重大决定。"

杰夫又猜道："他解雇了弗雷德。"

凯瑟琳苦笑着说："差一点儿就猜对了。他解雇了我。"

大家看起来非常吃惊。简试图安慰她："但企业不会中途解雇承包商的。"

凯瑟琳突然有些自嘲，说道："这么说吧，那个项目戛然而止，而且公司再也没有请我回去。"

尼克和马丁努力忍着，不让自己笑出声来。凯瑟琳说出了他们的心声："很明显，我被解雇了。"

这次，房间里的每个人都笑了。

"弗雷德后来怎样了？"杰夫想知道。

"我听说，几周后他辞职了，而且公司聘请了另一个人来管理这个部门。弗雷德离职后的一个月，该部门在少了3名分析师的情况下，业绩显著提升。"

"你是说单单弗雷德的行为就削弱了团队50%的生产力？"

"不，不是弗雷德的行为。"

大家看起来很困惑。

"是我对其行为的姑息。所以，他们解雇了该解雇的人。"

没有人说话。大家似乎都对自己老板曾经的痛苦经历感同身受，并且自然而然地从凯瑟琳的故事联想到了前一天发生的事情。

过了一会儿，凯瑟琳说出了自己的想法："我不想失去你们中的任何一个人。这就是我让米琪离开的原因。"

那一刻，高管们对凯瑟琳的意图有了更深的理解。

重整旗鼓

回到公司后，凯瑟琳召开了一次全体员工大会，宣布米琪离职，并讨论了公司其他议题。尽管凯瑟琳表述得委婉且得体，但员工的反应还是超出了高管们的预料。虽然高管们一致认为，这些反应大多不是因为米琪离开，而是因为其他的象征意义，但这确实影响了团队的工作热情。

因此，在接下来举行的高管会议上，凯瑟琳让团队花了一个多小时讨论市场营销部门负责人接替的问题。针对是否提拔米琪的一个直接下属,大家辩论得十分激烈。这时,凯瑟琳出面打破了僵局:"刚才这场讨论很好,我想我已经听到了每个人的意见。还有人想要补充吗?"

没人说话,于是凯瑟琳接着说道:"我认为,我们需要找一个能够推动部门发展、帮助我们打造品牌的人。尽管我更愿意在公司内部提拔一个人,但我觉得目前该部门里并没有人能够胜任。因此我认为,我们应该从外部寻找一位负责市场营销的副总裁。"

房间里的每一个人都点头表示支持,甚至包括那些刚刚反对外部招聘的人。

凯瑟琳继续说:"但我可以向大家保证,我们能找到合适的人选。这意味着在座的每一位都将参与面试,我们需要共同努力,寻找合适的候选人。这个人要愿意展现信任,参与冲突,对团队决策做出承诺,与同事一起承担责任,聚焦于团队成果而不是自我。"

凯瑟琳确信她的下属们已经渐渐认同她的理论。她让杰夫负责物色新的市场营销部门副总裁,然后把议题转到了销售上。

尼克汇报,他们在几个关键潜在客户方面已经取得新进展,但还有些区域仍在艰难奋斗之中。尼克说:"我们需要更多的销售力量。"

简知道尼克想要更多的资金投入,便试图迅速打消他的这个念头,马上回应道:"增加更多的开支,意味着销售指标也需要随之增加。我们会在这里陷入恶性循环。"

尼克喘着粗气,恼怒地摇着头,好像在说:又来了。没等大家明白是怎么回事,尼克和简就唇枪舌剑地争执起来,都在试图说服对方和其他人——自己的想法才是正确的。

争论一番之后,出现短暂的间歇,简沮丧地瘫在椅子上,无奈道:"什么都没有改变。也许问题根本不在米琪身上。"

简的话让大家都冷静了下来。

凯瑟琳笑着插话说:"等等,等等,我没看出来有什么问题。这正是我们过去一个月里一直在谈论的那种冲突啊,这真的很棒。"

简尝试表达自己的意思:"我可不这么看,我还是感觉我们就像是在吵架。"

"你们是在吵架啊,但都是针对问题而吵。这是你们的职责,否则问题就会被留给你们的下属,让他们不得不去解决他们解决不了的问题。下属希望你们认真讨论出结果来,这样他们就能从我们这里得到明确的工作方向。"

简看起来很疲惫,有气无力地说:"我希望这么做是值得的。"

凯瑟琳又笑了,鼓励说:"相信我——这样做绝对值得!"

在接下来的两周里,凯瑟琳加大了力度,推动团队改变各自的不当行为。她批评马丁在会议上自鸣得意,破坏了信任。她就客户问题响应不足一事,强迫卡洛斯直面团队成员。她还不止一次与简和尼克挑灯夜战,解决难以平息的预算之争。

和凯瑟琳的努力相比,更重要的变化来自团队成员给她的回应。即便当时他们很抵触,但没有人质疑凯瑟琳要求他们做到的事情。团队内部似乎产生了一种真正的集体目标感。

凯瑟琳心中唯一的疑问是,她可以让这种情况保持多久,才能让每个人都看到它的价值所在。

第 4 章
收获

在接下来的一年,公司的销售额一路攀升。

第三次纳帕谷会议

这是凯瑟琳计划中的最后一次纳帕谷外出会议,尽管团队氛围与以往相比有了很大的不同,凯瑟琳还是以熟悉的演讲开启了当天的议程。"我们拥有比任何竞争对手都有经验的高管。我们拥有更多的现金。多亏了马丁和他的团队,我们拥有了更强的核心技术。我们还有一个与我们关系更紧密的董事会。尽管如此,我们在收入和客户增长方面仍然落后于两个竞争对手。我想我们都知道这是为什么。"

尼克举起了手,表示反对。"凯瑟琳,你别再发表这段演讲了。"

如果是一个月前,在座的人都会被这样坦率直接的言辞震惊,但现在,似乎根本没人对此感到吃惊。

"为什么?"凯瑟琳问道。

尼克皱起眉头,努力想找到合适的措辞:"我想,几周前这样说还很合时宜,毕竟那时的我们还……"尼克觉得不需要把话说透。

凯瑟琳尽可能和善且友好地解释道:"如果这种情况不再属实,我当然可以不再说这段话,但目前我们还落后于两个竞争对手,而且我们仍然没有达到一个团队应有的状态。"

她接着说:"但这不是说我们还没有步入正轨。我们今天要做的第一件事,就是做一次回顾,评估一下作为一个团队,我们做得如何。"

凯瑟琳走到白板前,又画了一个三角形,填上了五个机能障碍(见图7)。

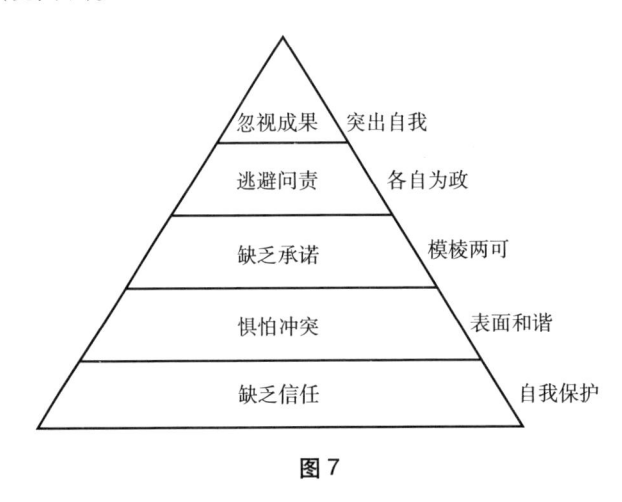

```
         忽视成果  突出自我
        逃避问责    各自为政
       缺乏承诺      模棱两可
      惧怕冲突        表面和谐
     缺乏信任          自我保护
```

图 7

然后她问:"我们做得怎样?"

大家一边思考凯瑟琳的问题,一边重新审视白板上的模型。

杰夫先开口了:"我们肯定比一个月前更加信任彼此。"大家纷纷点头,他继续说,"但要是说我们在信任方面已经没问题了,还为时尚早。"这句话赢得了伙伴们的赞同。

简补充说:"尽管我还是不太习惯,但我们在冲突方面有了很

第 4 章 收获

大的突破。"

凯瑟琳对她解释说："我认为没有人会完全习惯冲突。如果一点点不舒服的感觉都没有,那就不是真实的冲突。关键是无论如何都要坚持下去。"

简接受了这个说法。

尼克插话说："至于承诺,我们在目标和交付成果上,绝对比之前获得了更好的认同。但下一个障碍,关于问责,是我最担心的。"

"为什么？"杰夫问。

"因为我不确定,当有人没有兑现承诺,或者有人表现出有损团队利益的行为时,我们是否愿意当面指出。"

"我肯定会当面指出。"

出乎所有人的意料,这句话是从马丁的嘴里说出来的。他解释说："我不认为我还能回到以前的那种工作模式。如果一定要在让人轻微不适的人际关系和办公室政治之间做选择,我宁愿选择人际关系上的不舒服。"

尼克对这位奇葩的同事笑了笑,接着把模型的最后一大障碍说完："我认为我们在取得成果这方面没问题。如果我们不能让这家公司运转起来,在座的各位应该没有谁能功成身退。"

看到满屋子的人点头表示同意,凯瑟琳从来没有这么高兴过,但她知道她应该给团队的热度降降温。

凯瑟琳说："各位,你们对团队的绝大部分看法,我都同意。

你们正在步入正轨，但我想提醒的是，在接下来的几个月里，你们会时常怀疑我们究竟有没有取得进展。通常，我们需要几周甚至更久，才能看到行为改变对利润的实际影响。"

整个团队似乎过于轻易地认同了凯瑟琳的说法，她觉得需要给他们再次敲响警钟："我和你们说这些，是因为我们仍没有脱离险境。我见过许多比我们走得更远的团队最终不进反退。关键是要有严格的纪律和坚强的毅力，把这些新的行为方式坚持到底。"

凯瑟琳不想做让大家扫兴的事情，不过令她欣慰的是，这样做能够让大家为可能出现的恶劣状况预先做好准备。在摆脱机能障碍的过程中，每个团队都会面临意想不到的复杂状况。在接下来的两天里，凯瑟琳的团队就体验了这样的状况。有时，他们本着协作精神一起奋战；有时，他们貌似在打群架般地争吵……这群人全力以赴地解决业务上存在的问题，直到每个问题都形成最终决议。有意思的是，他们很少直接谈及团队协作的概念，凯瑟琳认为这恰恰是团队取得进步的标志。她在休息间隙和用餐过程中观察到的两个现象，让她相信自己的结论是对的。

第一个现象是，高管们更愿意聚在一起，而不像前两次外出会议那样独自行动。第二个现象是，他们聚在一起时比以往更加吵吵闹闹，最常听到的就是不时爆发出的阵阵笑声。第三次外出会议结束时，虽然已经精疲力竭，但每个人仍热切讨论着回公司后的会议安排。

第 4 章 收获

士气高昂

最后一次外出会议结束三个月后,凯瑟琳在当地一家酒店召开了第一次季度高管会议,议程为期两天。约瑟夫·查尔斯是新上任的主管市场营销的副总裁,一周前刚刚加入决策科技公司,这是他跟团队一起参加的第一次会议。

会议一开场,凯瑟琳就宣布了一个出人意料的消息:"还记得绿香蕉吗?就是上个季度我们考虑收购的那家公司。"

大家纷纷点头。

"尼克当时说绿香蕉会是一个潜在的竞争对手,显然他说对了。现在,它想来收购我们。"

每个人都很震惊,除了杰夫——作为董事会成员,他已经知道这个消息了。最吃惊的当属尼克,他惊叹道:"我一直以为那家公司身处财务困境呢!"

"之前的确是这样,"凯瑟琳解释说,"我猜绿香蕉应该是在上个月募集了大笔资金,现在是一时兴起,想买点儿什么东西。它已经向我们开出条件了。"

"什么样的条件?"简想知道。

凯瑟琳看了一眼她的笔记,说:"比我们当前的估值高很多。我们都会赚到一大笔钱。"

简追问道:"董事会怎么说?"

杰夫替凯瑟琳回答:"董事会把决定权交给了我们。"

没有人说话，好像他们都在计算自己的潜在收益，权衡利弊。

终于，一个带着英国口音的近乎愤怒的声音打破了沉默，大喊："绝对没门儿！"

所有人都把头转向他们的总工程师。马丁情绪激动，语气前所未闻。"我绝对不可能放弃这一切，把它交给一家还没熟透的水果公司。"

全场一阵爆笑。

简的话把大家拉回现实："我认为我们不应该这么快就放弃这笔交易。我们并没有十足的把握成功，而收购却是真金白银。"

杰夫对首席财务官的观点做了补充："董事会确实认为这个出价不错。"

马丁看起来并不相信杰夫，追问道："那董事会为什么还让我们来做决定呢？"

杰夫停顿片刻才解释说："因为董事会想知道我们有没有雄心壮志。"

马丁皱起了眉头，感到困惑，问道："什么意思？"

杰夫向他的这位英国同事澄清道："董事会想知道我们是否愿意继续留在这里，是否会为了公司，也为了彼此全力以赴。"

约瑟夫对当前情况做了总结："这听起来像是一次勇气考验。"

卡洛斯在会议期间第一次发言："我投反对票。"

杰夫接着说："我也反对，坚决反对。"

尼克点了点头。凯瑟琳和约瑟夫也点了点头。马丁看着简，

第 4 章 收获

问:"你是什么意见呢?"

她犹豫了片刻,说道:"绿香蕉?你在开玩笑吧?"

又是一阵大笑。

凯瑟琳快速地把大家的注意力拉回今天会议的主题上,希望顺势开始讨论真正的业务问题。"好吧,我们今天还有很多重要的话题需要讨论。我们开始吧。"

在接下来的几个小时里,大家帮助约瑟夫了解了团队的五大机能障碍。尼克解释了信任的重要性,简和杰夫共同介绍了冲突和承诺,卡洛斯阐述了团队背景下的责任,马丁则解释了什么是成果。随后,他们一起分享了约瑟夫的 MBTI 测评结果,也为他介绍了每个人的角色和职责,以及团队的共同目标。

最重要的是,在那天剩下的时间里,他们展开了约瑟夫前所未见的激烈辩论。他们以清晰明了的决议结束辩论,而且没有留下遗憾和怨气。他们斥责彼此的方式偶尔让约瑟夫感觉不太舒服,但每次大家都能让讨论有一个结果。

会议结束时,约瑟夫意识到自己加入了一个他所见过的极不寻常却热情专注的高管团队,他迫不及待地希望自己能成为其中的一分子。

组织变革

在接下来的一年里,决策科技公司的销售额显著增长,全年有三个季度的各项收入指标均得以实现。公司虽然在行业里已经拥有举足轻重的地位，但仍然没能从主要的竞争对手中脱颖而出。

随着公司业绩大幅增长，员工的稳定性提高了，士气在稳步提升，只有在公司未能实现业绩指标时才会出现轻微的短暂回落。

有趣的是，当出现未能实现业绩指标的情况时，连董事长都打电话鼓励凯瑟琳：她已经取得了有目共睹的进展，所以不必太在意。

当员工总人数超过 250 名后，凯瑟琳决定，是时候减少向她直接汇报的高管人数了。她认为公司的规模越大，最高领导团队的规模就应该越小。而随着新的销售负责人和人力资源总监的加入，她的直接下属已经增至 8 人，这几乎已是管理幅度的极限。每周一次与直接下属的一对一沟通，凯瑟琳还勉强可以应对，但如果有 9 个人参加高管会议，那么要想展开顺畅且富有实质性的讨论，则变得越来越困难。这个团队的成员即使有了新的集体主义精神，出现问题也是迟早的事。

因此，在最后一次纳帕谷外出会议结束一年多后，凯瑟琳决定做一些组织调整，她谨慎又自信地与每一位团队成员做了沟通。尼克将再次担任首席运营官，对于这个头衔，他总算觉得自己当之无愧了。卡洛斯和新的销售部门负责人不再作为 CEO 的直接下属，将直接向尼克汇报工作。人力资源部门将隶属于简。这样，凯瑟琳还剩下 5 名直接下属：马丁（首席技术官）、简（首席财务官）、尼克（首席运营官）、约瑟夫（负责市场营销的副总裁）、杰

第 4 章 收获

夫（负责商务拓展的副总裁）。

一周后，为期两天的季度高管会议再次召开。还没等凯瑟琳宣布会议开始，简就问道："杰夫怎么还没来？"

凯瑟琳实话实说："我正准备说这件事，杰夫以后将不再参加高管会议。"

这太让人震惊了。无论是凯瑟琳刚刚说的话，还是她说话时几乎不带感情的方式，都太令人震惊了。

简终于问出了那个大家都想问的问题："杰夫辞职了？"

凯瑟琳似乎对这个问题感到有些意外，她说："没有啊。"

马丁追问道："那是你解雇了他？"

凯瑟琳恍然大悟，赶忙说："没有，当然没有。我为什么要解雇杰夫？只是从现在起，他将直接向尼克汇报工作。这样的调整，我和杰夫都认为很有意义。"

担心的最坏结果被排除，让大家都松了一口气，但仍有件事困扰着他们。

简忍不住说："凯瑟琳，我当然明白这很有意义。说实话，我相信尼克一定很高兴杰夫参会。"

尼克点头表示认同，简继续说："但你不觉得杰夫不再直接向你汇报，会很失落吗？我的意思是，我们不应该太在意类似于地位、自尊这些东西，但杰夫是董事会成员，也是公司的创始人之一，你真的考虑过这对他意味着什么吗？"

凯瑟琳颇为自豪地笑了。她笑的是，他们一直追着问的正是她本就想说的："各位,这是杰夫的主意。"

这个结果完全出乎他们的意料。凯瑟琳继续道："杰夫说,自己很想留在高管团队,但他认为加入尼克的团队更有意义。实际上,我给了他改变主意的机会,但他坚持认为,为了公司,也为了高管团队,这样安排才是正确的。"

听到这番话,大家都沉默了,每个人都对这位前任首席执行官肃然起敬。

凯瑟琳继续道："为了杰夫,为了公司所有的人,为了让这一切顺利进行下去,让我们出发吧!"

第二部分

团队协作模型总结

尽管打造一个具有强大凝聚力的团队非常困难，但其做法并不复杂。事实上，保持简洁至关重要。不论你管理的是跨国公司的高管团队，还是大型组织的一个小部门，或者你仅仅是一名渴望改善自己团队氛围的成员，都应如此。从这一点出发，本书的"模型"部分提供了清晰、简明且实用的指南，帮助你更好地使用"团队协作的五大障碍模型"打造一个高效协同的团队。祝你成功！

五大障碍模型图

五大障碍共同形成了一个模型,每一项都可能成为致命杀手。

我在与众多 CEO 及其团队共事的过程中，发现两个关键事实。首先，在大多数组织中，真正的团队协作仍然一如既往地难以捉摸；其次，组织未能实现团队协作，是因为人们不知不觉地落入了五个天然存在且非常危险的陷阱，我称之为"团队协作的五大障碍"（见图 8）。

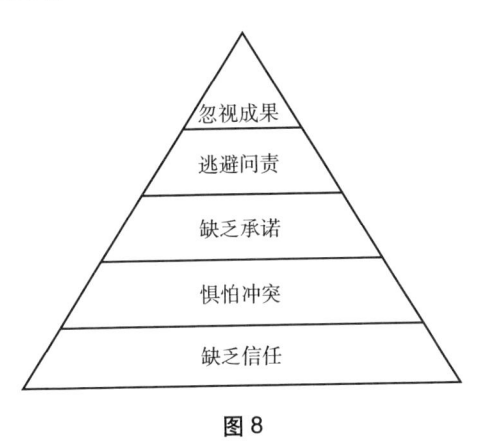

```
        忽视成果
       逃避问责
      缺乏承诺
     惧怕冲突
    缺乏信任
```

图 8

这些机能障碍可能被错误地理解为五个互不相干的问题，可以逐一单独处理。但实际上，它们相互关联，其中任何一个出了问题都会蔓延到整个团队，对团队的成功造成致命的影响。为了让读者更好地理解五大障碍之间的关系，下文将详细解释每个机能障碍和完整模型。

（1）团队第一大机能障碍：缺乏信任。团队成员之间没有信任的基础。本质上，这源于人们不愿意在群体中表现出自己的脆弱。只有相互之间能够真诚地袒露错误和弱点的团队成员，才可能建立牢固的信任。

（2）团队第二大机能障碍：惧怕冲突。无法建立团队信任将极具破坏作用，最大的隐患就是惧怕冲突。团队成员对开展毫无顾虑、充满激情的思想交锋无能为力，常常在讨论时拐弯抹角，发表意见时含糊谨慎。

（3）团队第三大机能障碍：缺乏承诺。缺少健康的冲突是一个严重的问题，因为它直接导致了缺乏承诺。团队成员没有在公开讨论中充分表达自己的意见，极少会认同团队的决议，更谈不上承诺执行。尽管他们在会议期间可能已经点头，但那只是假装同意而已。

（4）团队第四大机能障碍：逃避问责。由于缺乏真正的认同和承诺，团队成员养成了逃避相互问责的习惯。团队成员没有对明确的行动计划事先做出承诺，即使是最专注且最有紧迫感的人，也常常不愿意直接指出团队其他成员那些可能有损于团队的行为或行动。

（5）团队第五大机能障碍：忽视成果。缺少互相监督和问责的氛围，会制造滋生忽视成果的温床。当团队成员把个人利益（比如满足自我、职业发展或获得认可），甚至所在部门分支的利益凌驾于团队利益之上时，团队目标总会被有意无意地忽略。

因此，就像一条链子断了一个环节，任由五大障碍中的任何一个障碍恣意发展，团队协作都会迅速恶化。

我们还可以换一个视角来理解这个模型——从积极的角度来看，一个真正有凝聚力的团队，其成员会有哪些行为表现：

（1） 团队成员能相互信任。
（2） 团队成员能围绕具体观点展开毫无顾虑的冲突。
（3） 团队成员能对团队决议和行动计划做出承诺。
（4） 团队成员能对有违既定计划的行为相互问责。
（5） 团队成员专注于达成集体成果。

这听起来很简单，是因为它原本就简单，至少在理论上足够简单。然而，实践起来却极其困难，因为它需要高度的纪律性和持久性，而能够同时做到这两点的团队并不多。

在深入研究每个障碍并探讨克服的方法之前，先来评估一下你的团队，从而确定你的组织中存在的改进机会，这样做对你会有帮助。

团队评估诊断表

这份调查表是衡量你的团队受五大障碍影响的诊断工具。

下面的问卷是一个简单的诊断工具，可以帮助你评估你的团队受这五个机能障碍的影响程度。问卷的最后有一个简易的说明（第159页），指导你统计结果、分析结论。如果可能，让团队的所有成员都完成问卷，然后一起查看结果，讨论各自的差异，最终找出对团队有明确启发的线索。

说明：请使用以下计分标准，根据各项描述对你所在的团队进行评估。运用你的直觉诚实地评估，答题时避免过度思考自己的答案。

3= 经常
2= 有时
1= 很少

（1） 团队成员在讨论问题时非常热烈，且不会相互提防。
（2） 团队成员会互相指出对方的不足或工作上的低效行为。
（3） 团队成员了解同事负责的工作，以及他们对团队的集体利益做出的贡献。
（4） 当团队成员言行不当或可能对团队不利时，当事人会马上真诚地道歉。

（5） 为了团队的共同利益，团队成员愿意在自己的部门或个人专业领域做出牺牲（如预算、职权范围、人员编制）。

（6） 团队成员坦然承认自己的弱点和错误。

（7） 团队会议引人入胜，不会枯燥乏味。

（8） 团队成员能满怀信心地结束会议，即使最初存在分歧，同事们也会全力以赴地执行最终决议。

（9） 团队士气会因为未能达成团队目标而大受影响。

（10） 在团队会议上，最重要和最困难的问题会被拿到桌面上解决。

（11） 团队成员非常担心可能会让他们的同伴失望。

（12） 团队成员了解彼此的个人生活，并能够自然地谈论这些内容。

（13） 团队成员每次讨论完，都能形成明确而具体的决议和行动方案。

（14） 团队成员不惧相互质疑工作计划和工作方式。

（15） 团队成员不急于寻求别人对自己贡献的肯定，但能够很快说出他人的成绩。

计分

请将上述各项的得分合并至下表。

第一大障碍：缺乏信任	第二大障碍：惧怕冲突	第三大障碍：缺乏承诺	第四大障碍：逃避问责	第五大障碍：忽视成果
第4题：___	第1题：___	第3题：___	第2题：___	第5题：___
第6题：___	第7题：___	第8题：___	第11题：___	第9题：___
第12题：___	第10题：___	第13题：___	第14题：___	第15题：___
总分：___	总分：___	总分：___	总分：___	总分：___

8~9分表明，你的团队可能不存在协作障碍；

6~7分表明，你的团队可能存在协作障碍；

3~5分表明，你的团队需要着重关注协作障碍。

不论你的团队得了多少分，谨记，团队协作需要长期不懈的努力，否则即使是最优秀的团队也会退步并遇到协作障碍。

了解并克服
五大障碍

如何克服团队协作的五大障碍?

第一大障碍：缺乏信任

　　一个协作顺畅且有凝聚力的团队，其核心是信任。没有信任，团队协作几乎是不可能发生的。

　　遗憾的是，"信任"这个词经常被误用（甚至滥用），以至于已经失去其应有的影响力，有时听起来好像过于理想化或理所当然，因此阐明"信任"的具体含义十分重要。

　　在打造团队这个语境中的信任是指团队成员相信自己的同事都是善意的，没必要保持戒备或小心翼翼。本质上，团队成员必须逐渐适应向彼此展露脆弱的一面。

　　这种描述与通常所说的"信任"明显不同，通常意义上的"信任"的核心含义是根据过去的经验预测一个人的行为。例如，我们可能"信任"某位同伴，相信他会高质量地完成工作，因为他一贯表现如此。

　　尽管这样的信任也是我们需要的，但用它来表述一个优秀团队所特有的那种信任是远远不够的。优秀团队所特有的信任要求团队成员能够在彼此面前展露自己脆弱的一面，而且坚信它不会成为自己被攻击的把柄。这里所说的脆弱，包括个人的弱点、能力短板、人际交往的缺陷、犯的错误，以及寻求帮助的时刻等。

尽管这些听起来很"软",但只有当团队成员真正放心地把自己暴露在别人面前时,他们才会放下戒备,不再专注于自我保护,而是全身心地投入工作,将关注点和注意力完全集中在手头的事情上,而不必装腔作势或沉溺于办公室政治。

做到"基于脆弱性的信任"是困难的,因为大多数成功人士接受的教育和职业发展经历,让他们早已习惯与同伴竞争,也习惯了对自己声誉的保护。因此,为团队的利益而压抑本能的行为倾向是一大挑战,但这样的挑战正是团队所需要的。

若做不到"基于脆弱性的信任",团队所付出的代价则是巨大的,比如浪费大量的时间和精力用于管理成员的行为和人际关系,团队成员往往讨厌参加团队会议,没人愿意冒险向他人寻求帮助或提供帮助。因此,缺乏这种信任的团队的士气通常十分低落,意想不到的人员离职情况也很常见。

缺乏信任的团队成员……	彼此信任的团队成员……
• 隐藏自身的弱点和错误	• 承认自身的弱点和错误
• 不愿寻求他人的帮助,也不愿给别人提供建设性的反馈	• 主动寻求他人的帮助
• 不愿在自己的职责范围之外提供帮助	• 坦然接受与自己职责相关的询问和意见
• 对别人的意图和能力轻易下结论,而不会试图去澄清	• 在得出一个否定结论前,先相信对方是对的
• 不愿承认和借鉴他人的技能和经验	• 为提供反馈意见和帮助甘冒风险
• 为了维护自身形象,浪费时间和精力去刻意表现自己	• 彼此欣赏,并且愿意借鉴彼此的技能和经验
• 对别人抱有不满和怨恨	• 把时间和精力放在重要事务上,而不是办公室政治
• 讨厌开会,找借口不参加集体活动	• 毫不犹豫地道歉和接受道歉
	• 期待参与团体会议和其他一切团队活动的机会

克服第一大机能障碍的建议

一个团队怎样才能建立"基于脆弱性的信任"呢？很遗憾，它无法一蹴而就，通常需要团队成员们有长期共事的经历，多次经受体现坚持和信誉的考验，以及对彼此独特个性的深入了解。不过，通过有针对性的方法，团队可以显著加快这一进程，在较短的时间内取得这种信任。下面的一些工具和练习方法可以帮助你的团队实现这一点。

个人经历练习

只需不到一个小时，一个团队就可以朝着建立团队信任迈出第一步。这是一项低风险的练习，只需大家在开会时围坐在一起，回答几个关于他们自己的问题。问题不需要过于敏感，例如：家里有几个兄弟姐妹？家乡在哪里？童年时期的独特经历？个人爱好？第一份工作？最糟糕的工作？简单分享这些相对安全的个人话题或经历，有助于团队成员在更个人化的层面与彼此建立联结，从各自的生活故事和有趣的背景等方面来重新认识彼此。这会激发成员之间更多的同理心和相互理解，避免不公平和不准确的行为归因。令人惊讶的是，一些团队成员对彼此的了解如此之少，而仅仅是少量的信息就能逐渐消除彼此的隔阂。(该活动所需的最短时间：30分钟。)

团队有效性练习

这项活动相对前一项更加严肃且更有针对性，但也可能带来更多的风险。它要求团队成员各自先确定每位同伴对团队做出的一项最重要的贡献，再确定这位同伴为了团队利益必须改进或避免的一个问题。然后，其他成员每次公布对一位成员的答案。这项活动通常从团队领导者开始。

虽然这项练习乍一看似乎有点儿唐突，充斥着风险，但值得注意的是，它不仅是可控的，而且在大约一个小时内会产生大量的有效信息——既有建设性的，也有积极正向的。尽管团队有效性练习需要在一定的条件下才能发挥作用，但即使是一个已经出现机能障碍的团队，也往往能在几乎没有压力的情况下进行。（该活动所需的最短时间：60分钟。）

个人行为风格测评

这是在团队建立信任方面最有效、影响最持久的工具。通过测评团队成员的行为偏好和个性风格，人们能更好地了解自己、理解他人，减少相互间的隔阂。

我觉得最好用的测评工具是MBTI，其他一些工具也深受欢迎。这类工具的目的是根据团队不同成员的思维、谈话及行为方式，提供实用的、科学有效的性格行为描述。像MBTI这样的工具，最大的特点是其非主观性（尽管不同性格类型有很大的差异，但没有哪种类型比另一种更好），有行为研究的基础（而不是基于占星术或其他新兴方法），以及可以让参加测试者在识别自己属于哪种类型的过程中产生的积极作用（而不仅仅是收到一份打印报告或自己的性格类型得分）。许多工具确实需要有认证顾问参与解读测评结果，并给出应用指导，这对于避免产生误导非常重要。（该活动所需的最短时间：4小时。）

360 度反馈

这类工具在过去 20 年中十分流行,对团队的影响效果也非常显著。当然,使用该工具的风险比先前提到的所有工具或练习都大,因为它需要同伴给出具体的判断,并相互提出建设性的批评。

在我看来,360 度反馈发挥作用的关键是让它完全同薪酬或绩效评估区分开。更确切地说,它应该被当作一种团队发展工具,一种允许员工们识别优点和缺点而不会产生负面影响的工具。在应用过程中,哪怕只是一点点与正式的绩效考核和薪酬挂钩,360 度反馈都会带有危险的办公室政治意味。

体验式团队训练

历经过去 10 年的高速发展,拓展训练和其他体验式团队活动似乎已经失去往日的风采,这并不令人惊讶。尽管如此,许多团队还是希望通过这些方式建立信任。虽然严酷和有创意的户外活动肯定会带来一些好处,比如彼此间的支持与配合,但这些好处并不总是能够直接反映到工作中。话虽如此,但体验式团队训练只要建立在更基本的、专业可靠的流程基础上,就可以成为加强团队协作的宝贵工具。

虽然以上这些工具和练习短期内都可以对团队建立信任产生重大影响,但在日常工作中,必须要对其进行定期跟进。对每个方面都要有回顾,确保已取得的进展保持势头。越是一个强大的团队越应如此,因为出现任何退步都可能会导致信任衰退。

团队领导者的角色

为了鼓励团队建立信任,团队领导者最重要的行动就是率先展露自己的脆弱。这首先要求团队领导者勇于在下属面前抛开面子,只有这样,下属们才愿意像他一样展现真实的自己。更重要的是,团队领导者必须创造一个安全的环境,确保大家在暴露脆弱后不会遭遇不利影响。因为即使是充满善意的团队,成员相互指责对方已承认的弱点或失败,无形中也降低了对彼此的信任度。最后一点,团队领导者在展露自己的脆弱时必须诚恳,而不能是表演。如果只是为了操控他人情感而假意展露自己的脆弱,就是最容易失去团队成员信任的做法。

同第二大机能障碍的关系

以上这一切与下一个机能障碍——惧怕冲突——有什么关系呢?建立团队信任,团队成员间真正的冲突才有可能发生,因为他们会毫不犹豫地投入充满激情的,有时甚至是情绪化的争论中——他们知道自己的发言不会被误解,也不会因此受到惩罚。

第二大障碍:惧怕冲突

所有长久而良好的关系都需要富有成效的冲突来更好地维系和发展,在婚姻关系、亲子关系、朋友关系,当然还有商务关系中都是如此。

遗憾的是，冲突在很多时候被视为禁忌，尤其是在工作场合。你的职位越高，就越容易发现，人们都在煞费苦心地试图避免激烈的争论，然而这类激烈争论对打造优秀团队至关重要。

区分富有成效的意识形态冲突与具有破坏性的人际冲突，十分重要。意识形态冲突仅限于观念和想法不同，绝不是恶毒的人身攻击。但因为这样的冲突具有许多跟人际冲突相同的外在特征，比如场面激烈、情绪化、气恼等，以至于外部观察者很容易将其误认为是毫无价值的争吵。

但是，开展富有成效的冲突的团队却清楚，这样做的唯一目的是在最短的时间内尽可能找出最佳解决方案。与其他团队相比，他们讨论问题和解决问题都更迅速，也更彻底。他们能从激烈的争论中恢复如常，不带任何遗憾或怨气，而是带着热忱和意愿去处理下一个重要议题。

具有讽刺意味的是，有些团队为了不伤害成员之间的感情而有意避免冲突，结果反而加剧了人际关系紧张。如果团队成员在重要观点上不能公开辩论和发表不同意见，他们常常会转向背后的人身攻击，这比激烈争论更为棘手，也更加有害。

同样具有讽刺意味的是，太多的人打着效率的名义避免冲突，殊不知健康的冲突反而是节省时间的做法。那些避免冲突的团队认为自己在争论中会浪费时间和精力，结果却注定要一遍又一遍地讨论那些悬而未决的问题。这样的团队经常要求成员"会后"处理问题，这不过是绕开一个重要议题的委婉说法，却没料到这个议题在下次会议上会被再次提及。

惧怕冲突的团队……	敢于冲突的团队……
• 开会枯燥无聊 • 制造出助长背后议论和个人攻击风气的环境 • 忽视讨论有争议但对团队成功非常必要的话题 • 未能让团队成员充分表达意见和观点 • 把时间和精力浪费在维持表面形式和处理人际关系上	• 开会生动、有趣 • 听取和吸收所有成员的意见 • 快速地解决实际问题 • 将办公室政治最少化 • 将关键问题放到桌面上讨论

克服第二大机能障碍的建议

团队如何培养出参与健康冲突的能力和意愿呢？第一步就是要承认，冲突是富有成效的。可是，许多团队都有回避冲突的倾向，只要部分团队成员认为冲突是没必要的，冲突发生的可能性自然就会变少。而除了单纯承认，还有几个简单的方法可以使冲突更常出现，也更有成效性。

挖掘冲突

在具有逃避冲突倾向的团队中，成员有必要偶尔扮演"冲突挖掘者"的角色——挖掘团队内部隐藏的分歧，并将其摆在桌面上。他们必须有勇气和信心提出敏感话题，并迫使大家一起解决这些问题。团队需要在会议期间保持理性客观，并承诺要参与冲突，直到问题解决为止。有些团队可能在一些特别的会议或讨论期间指派某个成员专门承担这一责任。

即时允许

在挖掘冲突的过程中,团队成员需要相互提醒,不要放弃有益的辩论。一个简单有效的方法就是,随着冲突程度的升级,处于冲突之中的人会感觉越来越不舒服,这时,其他成员可以打断并提醒冲突双方:正在发生的这种冲突是必要的。这虽然听起来很简单,又有些武断,却是一个非常有效的工具,可以消除紧张气氛,给参与者继续讨论的信心。一旦讨论或会议结束,其他成员最好再次提醒冲突参与者,刚才的冲突对团队很有好处,而且今后不用刻意回避此类情况。

其他工具

正如前文提到的,有很多种工具可以用来测试团队成员的性格类型和行为特点,帮助团队成员更好地了解彼此。这类工具大都包含了不同类型的人如何处理冲突的描述,所以它们可以帮助人们预估自己处理冲突的方式或障碍。还有一种专门用来分析冲突的工具,就是托马斯-基尔曼冲突模式测试工具,通常被称为TKI。这个工具能帮助团队成员了解自己对于冲突的自然倾向性,从而根据不同情境有针对性地做出最适合的应对。

团队领导者的角色

在促进团队良性冲突时,团队领导者若企图保护团队成员免受伤害,就会导致意见分歧还没来得及被充分表达即过早地中断,这样也不利于团队成员提升自己处理冲突的能力。这很像父母过度保护孩子的行为——避免兄弟姐妹之间发生争吵。然而许多情况下，这样做只会使孩子们的关系更紧张，也会剥夺他们培养冲突管理技巧的机会，更会使他们陷入既渴望问题得到解决又永远无法使之实现的尴尬境地。

因此，关键在于，团队领导者在看到成员卷入冲突时，即便有时场面看似很混乱，也要做到克制，允许解决方案自然出现。这可能是个挑战，因为许多团队领导者认为，团队会发生冲突在某种程度上意味着自己失职。

最后，尽管听起来有些老生常谈，但领导者确实要以身作则，参与冲突。如果领导者总是逃避必要且有效的冲突，那么与之相关的机能障碍就很容易产生，事实上，很多团队领导者都在犯这样的错误。

同第三大机能障碍的关系

以上这一切与下一个机能障碍——缺乏承诺——有什么关系呢？一个团队通过建设性的冲突，听取每位成员的观点和意见，就完全可以很自信地对一个决定做出承诺、表达认同，因为团队知道自己已经从每个人的想法中获益了。

第三大障碍：缺乏承诺

在团队这一背景下，承诺由具有"函数关系"的两部分机能构成：澄清和认同。优秀的团队会做出清晰而及时的决策，确保团队中的每位成员，包括反对该项决定的人，都能在完全认同的情况下，推进各自的工作。当会议结束时，团队成员确信，每个人都会全力以赴地执行已达成一致意见的行动计划。

导致缺乏承诺的两个最重要的原因是：对共识的渴望和对确定性的需要。

• *共识陷阱*

优秀的团队明白追求共识的风险，即使在无法完全取得一致意见时，他们也会设法实现认同。他们明白，通情达理的人并不需要一切都按照自己的方式进行才会支持一项决定。人们只是需要知道，自己的意见是否被听取和考虑。优秀的团队会确保团队中每个人的想法都受到重视，从而创造出一种意愿，即无论团队最终做出何种决定，大家都会团结一致，全力以赴。当讨论陷入僵局而无法自拔时，团队领导者有权做出最终决定。

• *确定性陷阱*

令优秀团队感到自豪的另一件事是，他们即使对决策的正确性毫无把握，也可以通过做决策将成员团结在一起，并致力于明确的行动方针。这是因为他们知道一句古老的谚语：任何决定都比没有决定好。他们也意识到，大胆地做出决定，就算错了——再同样大胆地做出调整——也比犹豫不决强得多。

与此形成鲜明对比的是，那些有机能障碍的团队往往迟迟不肯做出重要决策，他们试图寻求万全之策，直到有足够的信息确保自己的决策没有问题。尽管这么做看起来很谨慎，但其实十分危险，因为它会使团队逐渐丧失行动力和信心。

重要的是，要记住，冲突是在没有完备信息的情况下，团队有意愿做出承诺的基础。在许多情况下，团队其实已经拥有其需要的所有信息，只是这些信息分散在各个成员的脑海中，必须经过毫无保留的辩论才能被萃取。只有每个人都把自己的意见和观点摆到桌面上，团队才能有信心做出决策，因为他们知道这个决定是整个团队集体智慧的结晶。

无论是由共识陷阱引起的，还是由确定性陷阱引起的，重要的是要明白，对于一个无法致力于明确决策的高管团队来说，需要面对的最大后果是组织内部深层次的分歧无法得以消除。这种后果比任何一种机能障碍都容易给下属带来危险的连锁反应。当一支高管团队无法获得团队所有成员的认同时，即便存在的差异看起来微不足道，那些高管的直接下属在解读明显与其他部门同事接到的不一致的任务指令时，也会不可避免地发生矛盾。就像旋涡一样，组织高层管理者之间存在的微小差异，在逐层传递到一线员工的过程中会变得巨大。

缺乏承诺的团队……	勇于承诺的团队……
• 导致团队目标和工作优先级不清晰	• 有明确的方向和清晰的优先事项
• 由于过度分析和不必要的拖延而错失良机	• 围绕共同目标，团队步调一致
• 缺乏自信和惧怕失败	• 不断培养从失误中学习的能力
• 反复讨论，来回做决定	• 总能抢先于竞争对手抓住机会
• 助长团队成员放马后炮	• 毫不犹豫，勇往直前
	• 果断调整方向，不犹豫、不后悔

克服第三大机能障碍的建议

团队如何确保做出承诺呢？团队成员可以通过采取一系列步骤来最大限度地做到澄清和取得认同，同时要避免掉入共识陷阱或确定性陷阱。这里介绍几个简单却有效的工具和原则。

逐层逐级瀑布式沟通

这是任何团队都可以采用的绝对免费且最有价值的训练方法之一，全程只需要几分钟。在高管会议或外出会议结束前，团队应该清晰明确地回顾会议期间做出的关键决定，并就需要向员工或其他人员传达的决定达成一致。在这个练习过程中经常发生的情况是，团队成员发现，他们对已经达成一致的意见的理解并不都是一致的，在将其付诸行动之前，他们需要澄清具体的决议和采取的行动。此外，他们需要清楚哪些决定应该保密，以及哪些决定必须迅速而全面地传达。最后，通过会议结束前彼此之间明确达成的一致，领导者更能够向员工传递强有力的、容易被接受的会议信息。而此前，员工们只能从参加会议的管理者那里听到一些不一致的，甚至是前后矛盾的消息。（该活动所需的最短时间：10 分钟。）

确定截止日期

虽然看上去很简单，但这是确保团队承诺的最佳工具之一：为做出决策设立明确的截止日期，并严格地遵守。易受这个机能障碍影响的最大原因就是模棱两可，想摆脱这个机能障碍，最关键的一个因素就是确定时间节点。此外，进展中的每个决定和里程碑环节也需要有截止期限和明确承诺，这同最终的截止日期一样重要。如此，才能确保团队成员不管产生何种偏差，都能被及时发现并妥善处理，避免付出不必要的代价。

偶然或极端不利情况分析

在承诺面前苦苦挣扎的团队为了克服这种倾向性，可以预先简单地讨论意外事件的应对计划。更好的做法是，对那些很难做的决定，预判并澄清可能出现的最坏结果。这样做通常可以帮助他们克服对于失败的恐惧，让他们知道做出错误决策并不致命，而且造成的伤害比预想的小得多。

低风险激进法

另一个关于克服承诺恐惧症的练习，就是在风险较小的情况下锻炼团队决断力。团队在进行了大量讨论之后，强迫自己在研究和分析不足的情况下做出决策，通常会发现自己所做的决策质量比预期的好。更重要的是，他们还意识到，这样做出的决策和经过旷日持久的调研得出的结论并没有太大区别。但这并不表示研究和分析不必要或者不重要，而只是说在承诺方面存在机能障碍的团队往往会夸大分析和研究的重要性。

团队领导者的角色

团队领导者必须要比其他成员更能坦然面对可能做出错误决策的事实。团队领导者还必须不断敦促成员们及时解决问题，遵守团队制订的时间计划。领导者不应该过于看重达成共识或追求确定性。

同第四大机能障碍的关系

以上这一切与下一个机能障碍——逃避问责——有什么关系呢？为了让团队成员能够在行为和行动上互相提醒，他们必须对目标和计划有明确的预期。如果事情一开始就不够明确，或是没有得到认同，那么即使是最敢于坚持问责的人，通常也不会要求他人对事情负责。

第四大障碍：逃避问责

"问责"已经成了一个时髦的流行语，就像"赋能"和"质量"这样的术语一样。因为被滥用，它失去了很多本来的意思。然而，在团队协作的背景下，"问责"特别指的是团队成员愿意指出同伴可能伤害团队的表现或行为。

这个机能障碍的本质是，团队成员不愿意承受因指出他人不当行为而把人际关系搞僵的后果，他们更倾向于回避艰难对话。优秀的团队则能够克服这些本能的行为倾向性，选择与团队伙伴一起"以身涉险"。

当然，说起来容易做起来难，即使是人际关系很好、凝聚力很强的团队也很难完全做到。实际上，哪怕是关系特别亲密的团队成员，有时在让对方负责时也会犹豫，因为他们害怕这会破坏彼此间宝贵的人际关系。讽刺的是，这反而会导致关系恶化，因为团队成员开始彼此憎恨对方没有达到期望，还任由团队的标准被降低。优秀团队的成员通过彼此问责来增进他们之间的关系，从而表明他们相互尊重，对彼此的表现抱有很高的期待。

说实话，要保持团队高水准的表现，最有效也最高效的方式就是同辈压力。这样做的好处之一是减少了绩效管理和改进计划方面过多的形式主义。比起任何规定和制度，害怕辜负团队伙伴的期望这件事，更能激励人们提升自己的绩效表现。

逃避问责的团队……	相互问责的团队……
• 绩效标准不同，团队成员间心生怨恨 • 助长平庸表现 • 错过期限，拖延交付 • 视领导者为维护纪律的唯一保障，给团队领导者带来不恰当的负担	• 确保让表现差的成员感到压力，促使其改进 • 毫不犹豫地质疑彼此的工作方法，快速发现潜在问题 • 尊重团队中满足较高标准的成员 • 避免绩效管理及改进计划方面过多的形式主义

克服第四大机能障碍的建议

如何确保团队成员相互问责呢？克服此项障碍的关键是，坚持运用一些简单有效的经典管理工具。

公示目标和标准

使团队成员更容易相互问责的一个好办法是，公开表明团队究竟需要达成的目标是什么、每个人需要交付什么，以及每个人为了团队成功必须做什么。问责的大敌就是模棱两可。即使团队最初承诺了要完成某个计划，或遵守某套行为标准，也要将这些约定公开，这样就没人可以轻易地忽略它们。

定期回顾

这样一个简单的形式就可以帮助人们去做他们原本不愿意做的事。在涉及对人们的行为或表现做出反馈时，这个方法尤其有效。团队成员应定期采用口头或书面的方式互相交流，如果有同事违背了既定目标和标准，成员应针对这种情况沟通各自的看法。如果没有明确的期望或计划，完全靠自觉执行，就会为逃避问责埋下隐患。

团队嘉奖

团队可以将奖励个人绩效转变为奖励团队绩效，由此创建一种相互问责的文化。因为在这种机制下，一个团队的其他人不会因个别成员没有尽到本分而袖手旁观，坐等失败。

团队领导者的角色

对想要建立团队问责意识的领导者来说，最困难的挑战之一就在于鼓励和允许团队建立首要问责制。一些强势的领导者会不自觉地在团队内部制造责任真空，趋向于使自己成为纪律维护的唯一保障。于是，成员们会认为反正有领导者会问责，即使看到他人的问题也不会指出来。

然而，领导者要想在团队中创建相互问责的文化，那就意味着在团队自身还没能做到的时候，领导者愿意充当纪律最终仲裁者的角色。不过，这类情况应该很少发生。同时，所有成员必须清楚：问责制并没有沦落为一种达成共识的方式，而仅仅是需要团队成员共同承担责任；在必要的时候，团队领导者会毫不犹豫地介入其中。

同第五大机能障碍的关系

以上这一切与下一个机能障碍——忽视成果——有什么关系呢？如果团队成员不会因为自己的工作被问责，他们将更有可能把注意力转移到个人需求，以及自我发展和小部门的发展上。因此，问责制的缺失就成了团队成员将注意力转移到集体成果之外的诱因。

第五大障碍：忽视成果

最后一个机能障碍是团队成员倾向于关心团队集体目标以外的事情。坚持不懈地关注具体的目标和清晰定义的成果，是对任何以绩效为导向的团队的一种要求。

值得注意的是，成果不局限于财务指标，如利润、收入或股东权益等。虽然在资本主义经济环境中，许多组织确实用这些术语来衡量团队的成功，但在第五大机能障碍中，成果的定义更宽泛，它与成果的具体表现紧密相关。

每个优秀的组织都会详细制定在某个时段内计划实现的目标。这些目标（不仅仅是组织一直在使用的财务指标）构成了组织短期且可控的成果的主要部分。因此，虽然利润可能是衡量一家公司经营成果的最终标准,但高管们一路上为自己设定的目标,更能代表一个团队为之奋斗的成果。最终,这些目标会带来利润。

如果一个团队不关注成果,那会关注什么呢?他们会转而关注地位:团队在整个组织中的地位和个人在团队中的地位。

• 团队地位

对某些团队的成员来说,仅仅成为这个组织的一分子已经让他们感到心满意足。对他们来说,取得既定的成果固然很好,但这不一定值得他们做出巨大的牺牲或是给自己找麻烦。尽管这看起来可能既荒谬又危险,还是有许多团队深受地位诱惑之害。经常有一些利他主义的非营利组织相信,有了崇高的使命就满足了。政治团体、学术部门及知名公司也同样容易受到这个机能障碍的影响,因为它们经常发现成功无非是和自己团队所在的独特的组织有关。

• 个人地位

这是指人们普遍倾向于以牺牲团队为代价来提高个人地位或铺设职业前途。尽管所有人天生就有自我保护的内在倾向,一支机能正常的团队也必须使每一位成员意识到,团队的集体成果比个人的目标重要得多。

虽然这个机能障碍乍一看似乎很显然,而且必须被克服,但值得注意的是,许多团队就是不关注成果。它们的存在不是为了实现更有意义的目标——仅仅是为了存在而存在。遗憾的是,对这些团队来说,因为缺少对成功的渴望,再多的信任、冲突、承诺或者问责都于事无补。

不重视成果的团队……	重视成果的团队……
• 停滞/无法取得进步 • 很少能够战胜竞争对手 • 失去以成就为导向的员工 • 助长团队成员注重个人职业前途和目标 • 很容易分心	• 能留住以成就为导向的员工 • 最小化个人主义行为 • 享受成功，也承受失败 • 为团队利益愿意牺牲个人利益 • 不会轻易分心

克服第五大机能障碍的建议

一个团队如何确保其成员将注意力聚焦于成果上呢？明确团队成果，并只奖励有助于这些成果的行为和行动。

公开成果的声明

在橄榄球或篮球教练看来，如果有球员擅自公开表示其团队势在必得，一定会赢得比赛，实际上是最糟糕的事情。问题出在这样做可能只会激起竞争对手的斗志。然而，对大多数团队来说，公开宣布预期可实现的成功恰恰是有益的。

团队公开承诺要取得特定的成果，有助于成员更有激情地工作，甚至极度渴望取得那些成果。而仅仅声称"尽力而为"的团队，即使不是有意这样表现，也是在巧妙地为自己的失败做准备。

基于成果的奖励

确保团队成员将注意力聚焦于取得集体成果的一个有效方法，就是将他们的奖励，特别是报酬，与取得特定成果联系起来。当然，仅依靠这一点是有问题的，因为它假定金钱刺激是驱动员工行为的唯一动力。不过，在没有取得成果的情况下，某些人仅仅因为"努力过"就抱着大笔奖金回家，可能会传递这样的信号：取得成果也许根本不重要。

团队领导者的角色

或许比其他任何一个机能障碍更重要的是，领导者必须为聚焦成果定调。如果团队成员意识到领导看重的是成果以外的事情，他们就会觉得自己也被允许这样做。团队领导者必须无私、客观，并对那些为实现团队目标做出真正贡献的人给予奖励和认可。

总结

尽管以上谈到了很多内容，但现实中，团队协作归根结底就是团队成员一起长期坚持践行一套行为原则。成功并非掌握某种精妙、复杂的理论，而是要以不同寻常的纪律和坚持去贯彻寻常的共识。

出人意料的是，那些成功的团队之所以成功，恰恰是因为他们非常人性化。通过正视自己在人性方面的不完美，团队克服了那些造成五个机能障碍的人类行为倾向性。

附　录

高管会议的时间安排——凯瑟琳的做法

凯瑟琳知道，强大的团队会花大量的时间共处，这样做可以消除混乱，减少不必要的努力和沟通，实际上反而节省了时间。凯瑟琳和她的团队每季度总共用 8 天来开定期会议，平均每个月不到 3 天。整体来看，他们所花的时间不多，但大多数企业的管理团队还是不愿意花这么多时间在一起，而宁愿去做所谓"真正的工作"。

其实领导一个管理团队有许多不同的方式，但凯瑟琳的方式的确值得借鉴。以下是她在最初安排高管团队参加外出会议之后，如何管理高管团队以及重要的时间投入计划。

- 年度计划会和领导力发展务虚会（三天，外出会议）
  会议议题可能包括：预算讨论、主要战略规划说明、领导力培训、继任者计划，以及相关信息发布。

- 季度高管会议（两天，外出会议）

  会议议题可能包括：主要目标复盘、财务总结、战略研讨、员工绩效讨论、关键问题解决方案、团队发展，以及相关信息发布。

- 每周战术会议（两小时，公司内部会议）

  会议议题可能包括：关键活动回顾、目标进度回顾、销售回顾、客户回顾、战术问题解决方案，以及相关信息发布。

- 临时性专题会议（两小时，公司内部会议）

  会议议题可能包括：来不及在每周战术会议上讨论完成的战略议题。

团队协作的一个特别实例

2001年，就在我快要写完本书的时候，发生了"9·11"事件。在这场巨大的悲剧事件现场，公共部门的应急反应是了不起的典范，一个有影响力且鼓舞人心的团队协作的实例出现了。这是在此必须被公认的实例。

纽约市、华盛顿特区和宾夕法尼亚州的消防部门，以及紧急救援部门和警务部门的人向我们证明：众人齐心协力可以实现单凭个人力量无法企及的事情。

在类似这样的应急服务行业中，团队成员生活和工作在一起，建立了唯有家人才能与之比拟的信任关系。这使得他们在争分夺秒的救援工作中，能够就应该采取的正确行动进行有针对性的、毫无保留的争论。因此，在最危险的情况下，当大多数人还需要更多的信息才能采取行动时，他们就能够快速地做出明确的决策。面对如此多的危险，他们会毫不犹豫地督促同事行动，让他们承担各自的责任。因为他们知道，即使仅有一位成员懈怠都可能造成人员伤亡。他们心中只有一个目标：保护他人的生命和自由。

检验一个伟大团队的终极标准是成果。想到有成千上万人成功地从纽约世贸中心和华盛顿五角大楼安全撤离，毫无疑问，那些冒着生命危险，甚至自己的成员都有牺牲的团队是多么卓越！

致　谢

本书是团队共同努力的成果，它不仅体现在我的写作过程中，而且贯穿我的整个教育和职业生涯。在此，我特别想感谢那些在我的生命中给予我帮助的人。

首先，我要感谢我的第一团队的领导，也就是我的夫人劳拉。感谢你无私的爱以及对我和孩子们的坚定支持，我的感激之情难以言表。感谢马修和康纳，这两个小家伙很快就能读懂我的书了，不过他们当然更喜爱看苏斯博士的漫画绘本。你们给了我太多的欢乐。

接下来，我要衷心感谢我在圆桌集团的团队。没有你们给予我的建议、编辑和热情，本书就不可能问世。感谢艾米敏锐的判断力和直觉、特雷西超凡且不断的努力、卡伦的热心支持、约翰的时尚格调、杰夫的乐观智慧、米歇尔的洞察力和幽默感，以及艾琳的青春活力。你们对自己所做承诺的坚定贯彻，令我惊叹和感动。你们帮助我学到的真正的团队精神比我所知道的任何团队都要多，为此，我要向你们表达我的谢意。

我要感谢父母对我的支持和爱。每当我需要去冒险和追逐梦想时，你们永远是我坚强的后盾和安全的港湾。你们给了我太多你们自己甚至不曾拥有的东西。

谢谢我的哥哥文斯，谢谢你的激情、热情和关爱。

也要谢谢我的妹妹丽塔玛丽，谢谢你的智慧、爱心和耐心，这对我来说一年比一年重要。

还要感谢我数不清的亲戚：他们来自兰西奥尼家族、尚利家族、范纳希思家族和吉尔摩家族。谢谢你们的关心和善意，这对我来说意义重大，尽管我住的地方离你们大多数人都很远。

感谢巴里·贝利、威尔·加纳、杰米和金·卡尔森夫妇、比恩家族、伊利家族和帕奇家族，感谢你们多年的关心和友谊。

感谢我在职业生涯中遇到的许多管理者和导师。萨莉·德斯蒂法诺，感谢你的自信和优雅。马克·霍夫曼和鲍勃·爱泼斯坦，感谢你们的信任。感谢纳什·哈希米的热情，感谢梅格·惠特曼和安·科利斯特的建议和忠告，还要感谢加里·博尔斯的鼓励和友谊。

感谢乔尔·米纳的热情和爱，感谢里克·罗布尔斯的教导。还要感谢我在永援圣母学校、加斯纪念中学和克莱蒙特·麦肯纳学院遇到的其他老师和教练。

感谢多年来与我合作的许多客户，感谢你们对我的信任，以及你们对打造健康组织的承诺。

我要特别感谢我的经纪人吉姆·莱文，感谢你的谦逊和对追

致　谢

求卓越的坚持，正如我妻子所说，感谢你是"一个谦恭的敦促者"。感谢我的编辑苏珊·威廉姆斯的热情和灵活性。感谢约塞巴斯出版社和威利出版集团的每一位伙伴，感谢你们的毅力、支持和承诺。

最后，当然也是最重要的一点，我要感谢圣父、圣子和圣灵赐给我的一切。